프랭크 루박의 기도일기

Originally published in English under the title

Frank Laubach's Prayer Diary

by Frank C. Laubach

Copyright © 1964 by Fleming H. Revell

Published by Revell, a division of Baker Publishing Group,
Grand Rapids, Michigan, 49516, U.S.A.

프랭크 루박의 기도일기

Frank Laubach's
Prayer Diary

프랭크 루박 지음 | 배웅준 옮김

규장

예수님만 바라보는 삶

저는 프랭크 루박 선교사에게 마음 깊이 감사하고 있습니다. 제게 예수님을 바라보는 눈을 열어주었기 때문입니다.

저는 항상 예수님을 바라보며 살기 원했지만 계속 실패했습니다. 며칠, 때로는 일주일, 어떤 때는 한 달 정도 예수님을 바라보며 깊은 은혜를 누리기도 했지만 항상 좌절로 끝나고 말았습니다. 살다보면 예기치 않은 급하고 바쁜 일들로 예수님을 바라보는 생활이 흐트러지고 맙니다. 그렇게 며칠을 지내다보면 제 마음은 다시 메말라 있었습니다.

그래서 저는 매일 주님만 바라보며 사는 것이 이 세상에서는 불가능한 것이라는 생각이 들었습니다. 천국에 가서야 항상 하나님을 바라보며 살게 될 것이고, 이 세상에서는 영적으로 충만했다가 메말랐다가를 반복하며 살 수밖에 없다고 생각했습니다.

그런데 프랭크 루박 선교사의 일기를 통하여 저의 이 고민은 해결되었습니다.

프랭크 루박의 믿음의 실험

프랭크 루박(Frank C. Laubach, 1884-1970)은 필리핀 선교사이자 인류 역사상 가장 많은 사람들에게 읽고 쓰는 법을 가르쳤던 분입니다. 그는 세계 문맹퇴치선교회(World Literacy Crusade)를 설립하였으며, 미국 우표에 등재된 유일한 선교사로 정치적 지위가 전혀 없는 가운데 제2차세계대전 이후 미국의 외교정책에 적잖은 영향력을 미쳤던 분입니다. 그가 이러한 삶을 살 수 있었던 것은 항상 성령의 인도하심을 구했기 때문입니다.

그런데 그도 45세가 될 때까지는 신앙생활에 만족을 느끼지 못하고 고민했습니다.

'하나님께서 정말 우리의 모든 삶에 함께하실까? 순간순간 하나님의 임재 가운데 사는 것이 가능할까? 숨 쉬고, 생각하고, 밥 먹고, 일하고, 쉬고, 운동하고, 집에 돌아오는 자동차 안에서 하나님과 함께할 수 있을까? 잠들 때 그분의 품 안에 잠들고, 다시 그분의 임재 안에 깰 수 있을까? 하나님과 24시간 함께하고 있다는 친밀함을 과연 느낄 수 있을까?'

이렇게 갈등하다가 1930년, 그는 '남은 인생을 이 질문의 답을 찾는 실험으로 삼으리라!' 결심하게 됩니다. 1월부터 그는 한 가지 실험을 했습니다. 매 분마다 하나님을 바라보고 하나님께서 인도해주시기를 기다리는 것입니다. 아침에 잠에서 깨어난 순간, 내면의 소리에 의식적으로 귀를 기울이는 것부터 시작했습니다. 끊임없이 하나님께 질문하고 발걸음마다 물었습니다.

"아버지, 뭐라구요? 제가 말하기를 원하세요? 제가 지금 이 일을 하기를 원하세요? 하나님, 지금 뭘 바라시죠?"

그는 일기를 쓰면서 매일 하나님을 얼마나 경험하고 사는지 기록했습니다. 그는 많은 실패를 경험했습니다. 심란한 마음이 하나님의 자리를 허용하지 않았기 때문입니다.

"나는 물살을 거꾸로 헤쳐 올라가기 위해 노를 젓는 사람 같았다. 나는 차분하게, 그러면서도 끊임없이 하나님께 귀를 기울였고, 쉬지 않고 다른 사람들을 위해 기도했다."

그는 처음에는 30분에 한 번씩 하나님을 바라보게 되었다고 했습니다. 그러다가 나중에는 1분에 한 번씩 하나님을 마음에 떠올리는 데 성공했고, 그 간격은 점점 줄어들었습니다. 6개월이 지났을 때, 프랭크 루박 선교사는 그토록 알고 싶었던 주님과 동행하는 삶에 눈이 열렸습니다.

24시간 주님과 동행하는 삶

저는 프랭크 루박 선교사의 일기에 도전을 받아 실제로 영성일기를 써보았고, 이제는 온 교우들과 함께 도전하고 있습니다. 제가 프랭크 루박 선교사를 통하여 얻은 유익은 바쁜 현대 생활 속에서도 온전히 하나님과 24시간 동행할 수 있다는 확신이었습니다. 그래서 한 주간, 한 달의 한계를 깨뜨리고 계속 주님을 바라볼 수 있었습니다.

그 결과 여러 생각에 시달리며 살지 않아도 됨을 깨달았습니다. 예수님의 놀라운 임재를 매일 매 순간 경험하는 것이 무엇인지 알게 되었습니다. 6개월만 구원의 투구를 쓰고 하나님을 생각하려고 한다면 우리 삶에 놀라운 변화가 일어나는 것입니다.

이번에 규장 출판사에서 번역 출판한 《프랭크 루박의 기도일기》는 프랭크 루박 선교사가 믿음의 실험을 통하여 하나님의 임재를 놀랍게 경험한 이후의 일기입니다. 우리는 하나님과 친밀히 교제하는 이 일기를 통하여 그가 실제로 하나님과 깊이 교제하며 살았음을 알 수 있습니다. 정말 놀라운 증거입니다. 특히 그가 주님을 바라보며 살았던 하루를 퍼센트로 매겨 가며 자신의 매일매일을 점검한 것은 매우 인상적입니다. 저도 영성일기에 적용하고 있는데 주님을 바라보는 데

무척이나 유익합니다.

　우리가 할 수 있는 것은 오직 하나입니다. 우리의 마음 문을 열기만 하면 됩니다. 그러면 그 다음은 예수님께서 다 하십니다. 예수님과 함께 식사하는 깊은 친밀함을 누리며 살아가게 됩니다.

　　볼지어다 내가 문 밖에 서서 두드리노니 누구든지 내 음성을 듣

　　고 문을 열면 내가 그에게로 들어가 그와 더불어 먹고 그는 나

　　와 더불어 먹으리라 계 3:20

유기성 목사

오늘보다 내일 더
하나님과 친밀하고 싶습니다

모든 사람이 지니고 있는 한 가지 궁극적인 문제는 바로 '하루하루를 고결하게 살아가려면 어떻게 해야 하는가?'이다. 다시 말해, 대부분 사람들의 무기력한 삶에서 흔히 나타나는 것처럼 현실과 이상 사이에 틈이 생겨 벌어지지 않게 하루하루를 최대한 잘 살아가려면 어떻게 해야 하는가가 궁극적인 문제인 것이다.

그리스도를 닮아가는 삶

우리는 서로 도울 수 있다. 우리 모두가 각자의 하루를 고상하고 숭고한 날들로 만들기 위해 어떻게 분투하고 있는지 나눔으로써 서로를 도울 수 있지 않을까?

우리는 서로에게 죄를 범하고 있다. 우리가 날마다 사용하고 있는 최고 최선의 방법들을 부끄러워한다거나 혹 남 앞에 나서기가 꺼려진다는 이유로 감출 때, 서로에게 죄를 범하고 있는 것은 아닐까?

사도 바울, 토머스 아 캠피스(Thomas a Kempis, 1380-1471. 독일의 신비가 및 영성 생활의 지도자), 스탠리 존스(Stanley Jones, 1884-1973. 미국 출신의 인도 선교사), 셔우드 에디(Sherwood Eddy, 1871-1963. 미국 출신의 교육자이며 선교사), 존 모트(John Mott, 1865-1955. 미국 출신의 평신도 사역자로 세계 학생선교 운동에 지대한 영향을 끼침) 같은 진지하고 열정적인 사람들, 곧 자신의 삶의 완벽한 모범을 그리스도의 완전한 삶으로부터 끌어낸 사람들이 우리의 삶에 영감을 주는 본보기가 되고 있다는 것은 우리 모두가 알고 있는 사실이다. 그렇지 않은가?

"이 세상을 위해 우리가 할 수 있는 최고의 일은 무엇입니까?"라고 하나님께 물어보라. 그러면 하나님께서 이렇게 대답하지 않으실까?

"최대한 그리스도를 닮은 삶을 살아라. 그리고 사람들에게 그것을 보여주어라!"

하나님과의 동행일기

이 기도일기는 1937년 전반기 6개월 동안 기록한 것으로, 삶의 순간순간 하나님의 지침을 듣고 그것들을 내 능력을 훨씬 뛰어넘는 새롭고 창의적인 분야에서 실행하기 위한 노력으로부터 나온 기록이다. 우리는 선교지의 문맹(文盲)퇴치 프로그램의 토대를 닦았고 그것이 지금은 전 세계로 확산되고 있다. 나는 그것이 하나님의 강력한 역사의 결과요, 그 누구도 혼자서 할 수 없고 또 하나님 없이는 할 수 없는 일들을, 서로 합심하여 일하는 우리를 통해서 하나님께서 행하신 것이라고 확신한다.

이 기도일기에는 숭고한 삶을 위한 나의 분투의 흔적이 고스란히 담겨 있다. 이 기록을 아들에게 기대를 거는 한 아버지로서 나의 아들 밥(Bob)에게 전한다. 또 우연히 이 기도일기를 읽게 될 모든 그리스도인들에게 바친다.

새벽의 훈계를 경청하라!
네 오늘을 보라!
그것은 생명이요
생명 속의 생명이다

그 짧은 경로 안에

네 존재의 가치와 본질이 놓여 있으니

성장의 축복, 행위의 영광,

아름다움의 광채가 그것이로다

어제는 꿈에 지나지 않고

내일은 환상에 지나지 않으나

훌륭하게 잘 살아간 오늘은

모든 어제를 행복한 꿈으로 만들고

모든 내일을 희망의 미래로 만드는 법이니

너의 오늘을 잘 보아라!

이것이 바로 새벽에 네게 건네는 인사로다

_인도 전통시 〈새벽의 인사〉 중에서

프랭크 루박

Frank Laubach's
Prayer Diary

CONTENTS
차례

추천의 글

서문

PART 1 · 제 소원은 하나님과의
온전한 동행입니다　　　16

PART 2 · 하나님의 마음과 생각으로
사역하게 하소서　　　50

PART 3 · 매 순간 하나님만
의식하길 원합니다　　　82

PART 4 · 하나님의 음성대로
행하게 하소서　　　122

PART 5 · 기도일기를 통해 주님의
사랑이 흘러가길 바랍니다　　　166

Frank Laubach's
Prayer Diary

하나님, 올해의 매 순간을 하나님께 드리기를 원합니다.
깨어 있는 모든 순간마다 하나님을 잊지 않기 위해 힘쓸 것입니다.
하나님께서 일러주시는 모든 것들을 제 손으로 기록하기 위해
힘쓸 것입니다. 하나님께서 '말씀하시는 이'가 되시어
저에게 모든 말을 일러주실 수 있도록 노력할 것입니다.

제 소원은 하나님과의
온전한 동행입니다

내 삶의 모든 순간을 드립니다

하나님, 올해의 매 순간을 하나님께 드리기를 원합니다. 깨어 있는 모든 순간마다 하나님을 잊지 않기 위해 힘쓸 것입니다. 하나님께서 일러주시는 모든 것들을 제 손으로 기록하기 위해 힘쓸 것입니다. 하나님께서 '말씀하시는 이'가 되시어 저에게 모든 말을 일러주실 수 있도록 노력할 것입니다.

하나님이 말씀하시는 대로 행동하기 위해 저는 힘쓸 것입니다. 하나님의 언어를 배우기 위해 힘쓸 것입니다. 예수님이 가르쳐주신 그대로, 하나님께 말씀을 받아 전하는 사람들이 가르쳐준 그대로, 아름다운 것들에서, 노래하는 새들과 선선한 산들바람에서, 그리스도 같은 환한 얼굴에서, 희생과 눈물에서 하나님의 언어를 배울 것입니다.

그렇게 하는 데에는 많은 것을 버려야 할 뿐만 아니라 그런 결단과 충돌하는 모든 것을 희생시켜야 할 것입니다.

하나님의 언어

하나님, 올해의 매 순간을 하나님의 지시를 따라 행하기로 결단
하였으므로 저는 하나님의 언어를 꼭 배워야 합니다. 하나님의
어휘를 하나도 빼놓지 않고 반드시 공부해야 합니다.

'어제'라면 제가 오늘 보고 듣고 느끼는 것들이 아무 의미도 지니지
못했을 테지만, '오늘'은 그런 것들이 하나님께서 뜻하시는 것들을 드
러내기 때문입니다.

제 왼팔의 고통과 가끔씩 심장을 압박하는 통증은 단 1분이라도 하
나님을 떠나 시간을 낭비해서는 안 된다고 말씀하시는 하나님의 음성
입니다.

그리스도의 사랑의 말

하나님, 저는 지금 알아들을 수 없는 말들을 하는 사람들에게 둘러싸여 있습니다. 그들은 자신들에게 발동기 같은 역할을 해줄 사람들을 기다리고 있습니다. 제가 이 역할을 감당하기 위해 제대로 작동하기를 기다리고 계신 하나님, 제게 무엇이라고 말씀하고 계십니까?

저는 이 모든 낯선 소리와 다양한 인종들 안에서 하나님의 음성을 들으려고 힘쓸 때, 힌디어로 말하는 사람들의 말을 이해하려고 애쓸 때와 마찬가지로 당황하게 됩니다. 언젠가는 하나님께서 제게 이르시는 것들과 그들의 말을 모두 알아들을 수 있는 날이 오겠지만 말입니다.

제가 얼마나 많은 것을 치러야 할지 말해줄 통역관을 이 많은 사람들 가운데서 딱 한 사람 발견했습니다. 그런데 하나님의 언어를 풀어줄 통역관이 제게 필요한 것일까요?

오, 그리스도시여! 그리스도의 사랑의 말들, 그리스도의 사랑의 행위들은 제 이해의 범위를 넘어서지 않습니다. 그리스도에 대해 생각할 때 제 마음속에서 그리스도의 사랑이 타오르기 시작합니다.

　저는 꼭 그리스도처럼 되어야 합니다. 저를 필요로 하는 이들을 매 순간 찾아야 하며 돕기 위해 힘써야 합니다. 제가 다른 사람들에게 무슨 유익을 줄 수 있을지 알아내려고 노력했지만 아무 소용이 없었습니다. 그러나 이제 한 가지를 알게 되었고 그것으로 충분합니다. 그것은 바로, 저를 필요로 하는 이들을 찾아 사랑하고 도와야 한다는 것입니다.

영혼의 창문을 바라볼 때

하나님, 하나님께서 모든 움직임을 다스리신다면 하나님께서는 제 눈을 지배하시며 제 눈 안에 계실 것입니다.

눈은 영혼의 창문입니다. 만일 하나님께서 제 눈 속에 계신다면, 사람들이 제 눈 속에서 하나님을 볼 것이고 하나님을 사랑이라 부를 것입니다. 또한 그럴 때 제 삶은 그 중심에 그리스도의 모습을 지니고 있는 사랑, 즉 가시관을 쓰고 계신 그리스도, 십자가를 지고 계신 그리스도, 마음에 고뇌하시는 그리스도의 모습을 지니고 있는 사랑이 될 것입니다. 그런 사랑은 모든 사람을 축복할 뿐, 누구도 해하지 않을 것입니다.

오늘 아침에 제가 기거하는 집의 안주인이 말씀을 읽고 기도했을 때, 저는 하나님께서 말씀하시는 것을 들었습니다. 그녀는 하나님께서 말씀하시는 것들을 전하는 수로(水路)였습니다. 이제 저는 하나님께서 인간의 언어를 통하여 말씀하시는 것들, 특별히 하나님의 뜻을 행하고자 힘쓰는 사람들을 통하여 말씀하시는 것들을 경청하기 위해 힘쓸 것입니다.

오늘의 단어

하나님, 하나님께서 모든 만물을 주관하신다면 하나님께서는 하나님이 아닌 다른 것에 더 많은 관심을 기울이고 있는 이 사람들 안에도 계실 것입니다. 오늘 제가 하나님의 어휘 지식을 더욱 증대할 수 있도록 도와주소서!

우리는 날마다 힌디어를 몇 마디씩 배워야 합니다. 마찬가지로 오늘 배워야 할 하나님의 새로운 어휘는 무엇입니까? 글을 읽을 줄 모르는 3억 3천만 명이 넘는 사람들이 도움을 요청하고 있습니다.

'필요'는 하나님의 언어입니다. 그것은 하나님께로부터 온 단어입니다. 하지만 그 문제에 어떻게 접근해야 할지 도무지 알 수가 없습니다.

'해결되지 않은 문제'도 하나님의 언어입니다. 하나님께서는 우리를 하나님의 자녀로 삼기 위해 그런 문제들 안에서 훈련하시는 선생님이기 때문입니다.

실제로 필요한 것을 하나님께 이야기하라고 명하신 하나님께 감사를 드립니다. 하나님께서는 우리를 프로젝트 교수법(학생들에게 과제를 주어 자발적으로 학습하게 하는 방법-역자 주)으로 가르치십니다.

기도 달력의 질문

하나님, 제 앞에 있는 기도 달력은 이렇게 말합니다.

"우리가 때로 실패하는 것은 하나님께서는 사소한 문제들에 무관심하다고 생각하기 때문이다. 그러나 하나님께서는 모든 문제를 자신에게 가져오라고 명하신다!"

우리가 하는 모든 손동작도 그러합니다. 저는 최근에 하나님께서 제 손을 통하여 일하시도록 한다면 제가 글을 더 잘 쓸 수 있다는 사실을 깨달았습니다. 또한 무엇인가를 잃었을 때에 하나님께 기도하면 보통은 하나님께서 곧장 그것으로 인도해주신다는 사실을 깨달았습니다. 물론 항상 그런 것은 아니지만, 필요할 때는 언제나 하나님께서는 그렇게 해주십니다.

하나님의 어휘를 배우고자 하는 이런 노력이 바로 실마리가 아닌가 생각됩니다! 제 삶의 매 순간이 하나님께서 제게 말씀하려 하신다는 것을 입증하는 새로운 증거입니다.

오늘 아침 기도 달력은 "당신은 얼마나 많은 메시지를 하나님으로부터 받았는가?"라고 물었습니다. 제게는 그 질문 자체가 하나님으로부터 온 메시지였습니다. 하나님은 책들의 내용으로도 말씀하십니다.

하나님의 돗자리

하나님, 하나님의 어휘를 탐색하는 이 과정은 놀라운 세상의 새
로운 광경을 펼쳐주겠다고 약속합니다. 저는 어떤 언어를 배울
때와 마찬가지로, 하루 동안에 하나님께서 제게 말씀하시는 것들을
기록하기 위해 호주머니에 작은 책을 가지고 다닙니다.

어제는 하나님께서 말씀하시는 것들을 들었고, 하나님께서 양심과
고통과 고독과 산들바람과 실을 엮어 짠 돗자리에 하나님의 말씀을
기록하시는 것을 보았습니다. 그곳에 기록된 글들은 "하나님과 협력
하라!"고 말했습니다.

반쯤 벌거벗은 아이, 푸른 하늘, 느릿느릿한 물소, 그리고 나의 과거
는 하나님의 음성이었습니다. 이미 세상을 떠난 친구들, 특히 작년에
세상을 떠났지만 아직도 여기 있는 것처럼 느껴지는 내 육신의 아버
지, 가련한 눈동자들, 실패, 꿈, 벽에 걸린 두 가지 표어, 침묵, 피아노
연주 소리, 라디오, 잔잔한 파동을 일으키는 물, 환한 사랑의 미소, 이
런 것들 모두 하나님께서 말씀하시는 것들입니다.

하나님이 주신 임무, 순종

하나님, 하나님의 뜻에 제 뜻을 굴복시키고자 하시는 이 시도가 저를 완전하게 만들어가고 있습니다. 저는 여기 캘커타 본부에서 오랫동안 지니지 못했던 새로운 힘을 느끼고 있습니다.

하나님께서 제게 부여하신 과업은 에베레스트 산을 오르는 것만큼 수행하기 어렵습니다. 하지만 제가 제 뜻을 하나님의 뜻에 온전히 맞출 수 있다면 하나님께서는 능히 그 일을 이루실 수 있으십니다.

그렇게 볼 때 제 임무는 단순합니다. 제 과업은 바로 제 뜻을 억제하는 것이기 때문입니다. 오늘 제게는 신앙이라는 것이 기본적으로 교리나 믿음이 아니라 제 자신의 뜻을 통제하는 것이라고 느껴집니다. 그것이 바로 제 임무입니다.

제 뜻을 억제하여 하나님의 능력이 저를 관통하여 흐르도록 하는 것, 하나님께서 끊임없이 제 존재를 휩쓸고 지나가도록 하는 것이 바로 제 임무입니다.

우리를 절대 잊지 않으시는 하나님

하나님, 하나님의 마음은 제 마음과는 비교할 수 없을 정도로 크고 놀랍습니다. 그것은 바로, 하나님께서는 저나 그 어떤 사람도 결단코 잊지 않으신다는 점입니다. 하나님께서는 수십 억 가지 셀 수 없이 많은 주제를 한순간에 동시에 생각하실 수 있기 때문입니다.

저는 삶의 순간순간마다 하나님을 기억하려 애쓰지만 한순간에 한 가지만 생각할 수 있을 뿐입니다. 제 노력은 경련을 일으키는 것처럼 계속 하나님으로부터 시작하지만 결국에는 하나님이 배제된 다른 생각을 배회하는 결과를 낳을 뿐입니다.

어쩌면 제게는, 제가 하나님의 지침을 얻기 위해 얼마나 자주 하나님께 돌아가는지에 근거하여 점수를 매기는 것이 필요할지도 모릅니다. 하나님께 돌아가 하나님의 귀에 "아버지!"라고 속삭일 때마다 제 마음은 편해집니다.

하나님께서 제게 명하신 이 엄청난 임무는 제 의지를 불러일으키고 또 제 능력이 올라가는 느낌을 받습니다. 우리는 강해지고자 한다면 무거운 역기를 들어 올려야 할 것입니다.

영혼의 아름다움을 보는 눈

하나님, 한 인간이 인류에게 줄 수 있는 최고의 선물은 무엇입니까? 영혼이 아름다워지는 것, 그래서 사람들이 그 영혼의 아름다움을 볼 수 있도록 하는 것이 아닐까요?

저는 라빈드라나트 타고르(Rabindranath Tagore, 1861-1941. 인도의 시인)의 얼굴을 보면서, 또한 그가 자신의 학교와 이상(理想)에 대해 말하는 것을 들으면서 그것을 배웠습니다. 그의 아름다운 얼굴은 모세를 생각나게 했습니다.

저는 삶의 순간순간마다 하나님을 생각하기 위해 힘썼고, 제 눈을 하나님의 눈에 두어 세상을 보려고 노력했습니다. 저는 제 질문에 상세하게 우호적으로 대답하는 타고르를 보면서, 그가 하나님을 보았다는 것을 믿게 되었습니다.

이제부터 저는 다른 사람들에게 하나님에 대해 지금까지 해왔던 것보다 더욱더 많이 이야기할 것입니다. 제가 이렇게 하나님과 교제하고 있다는 것을 모든 사람에게 드러내지 않으면, 그들을 도울 수 없을 뿐더러 그들이 지니고 있는 가장 좋은 점들도 발견하지 못할 것입니다.

매일 매 순간마다 하나님을 만나는 것과 다른 사람들에게 하나님에 대해 이야기하는 것이 모자람이 없는 삶을 사는 것입니다. 어떤 새로운 기적이 오늘을 이보다 더 풍요롭게 할 수 있겠습니까?

우주에 편만하신 하나님

하나님, 어제저녁 이곳 인도의 맑고 건조한 공기 속에서 처음으로 태양을 바라보았습니다. 맹렬한 화염으로 이글거리는 거대한 원주 모양의 태양이 서편의 나무들 뒤쪽 수십만 킬로미터 저편에 걸려 있었습니다.

그 모습을 보는 순간 눈이 부셨지만 그 광경에 온통 매료되었습니다. 그것은 참으로 먼 곳에 있지만 흡사 세상의 끝자락 바로 위에 있는 것처럼 느껴졌습니다.

그 다음에는 별들을 공부했습니다. 금성과 그 근처의 별들이 거리상으로 엄청나게 떨어져 있다는 사실을 처음 알았습니다. 태양처럼 맹렬히 타오르는 거대한 불덩이들로 가득한 하늘은 정말 놀라웠습니다.

그러나 현기증이 날 정도로 먼 그 거리들이 하나님께는 그저 한 뼘밖에 되지 않습니다. 그 가운데 있는 지구는 한 점(點)이요, 그 지구 안에 있는 제 존재는 물질의 전자(電子)보다 더 작습니다.

하나님께서는 우주의 엄청난 범주에 거하시는 것처럼 작은 물질인 전자들 가운데 편안히 거하시고 또 무엇이든지 그런 전자들 너머에 있는 것들 안에 거하십니다.

　오, 전능하신 하나님, 결국 제 머리로는 도저히 하나님을 파악할 수 없습니다. 하지만 진정 하나님은 사랑이시기에, 저는 하나님 안에서 편안히 쉴 수 있을 것이며 오늘이나 영원토록 두려워하면 안 될 것입니다.

하나님의 어휘 배우기

하나님의 어휘에 대한 새로운 탐색은 성경의 많은 구절에 새로운 의미를 부여합니다.

지금 제 앞에는 누가복음 8장 18절과 21절 말씀이 펼쳐 있습니다.

"너희가 어떻게 들을까 스스로 삼가라"(눅 8:18).

"내 어머니와 내 동생들은 곧 하나님의 말씀을 듣고 행하는 이 사람들이라"(눅 8:21).

올해 제 삶의 깨어 있는 모든 순간의 중심은 바로 "하나님의 음성을 듣고 행하라!"는 것입니다. 하나님의 음성을 듣고 완벽하게 행할 때 저는 예수님처럼 될 것입니다. 그리고 그것은 생각의 깊숙한 곳에 있는 정결함을 의미할 것입니다.

이 기도일기를 읽는 사람 누구에게나 증언하고 싶습니다. 요즈음 하늘로부터 온 눈부시게 아름다운 생생한 통찰력을 제 마음에 가득 채워주는 새롭고도 풍성한 영감에 제 자신도 깜짝 놀라고 있다고 말입니다.

어제는 하나님의 어휘를 배우는 것에 대하여 한 장(章)을 기록했습니다. 사랑의 아버지, 그것이 책이 될 수 있을까요?

한 번에 하나씩

하나님, 제 앞에 놓인 이 언약의 책(성경)이 하나님께서 말씀하시는 것들을 탐색하고자 하는 저의 노력을 승인해줍니다.

저는 임의로 그 책을 펍니다. 그러면 그 책은 "귀 있는 자들은 들어라!", "너는 그 음성에 귀를 기울여라!"고 말합니다. 그래서 제 삶은 단순해집니다. 하나님께서 말씀하시는 것들을 순간순간, 한 번에 하나씩 듣고 그대로 행하는 것이 바로 제 인생입니다.

저는 저 멀리 앞에 있는 것들을 볼 수 없습니다. 멀리 있는 것들을 볼 때 자세한 것들은 희미해져 잘 보이지 않기 때문입니다. 하지만 믿음이 있는 까닭이 바로 그것을 위합니다. 장래에 대한 걱정을 떨치기 위합니다. 제가 그런 믿음으로 살아갈 때 그리스도께서 "네 믿음이 너를 장래로부터 구원하였다!" 말씀하실 것입니다.

저는 한 번에 하나씩 하나님의 음성에 귀를 기울일 것이고 이렇게 하나님께 아뢸 것입니다.

"하나님, 이 페이지를 읽어갈 때 제 손가락을 인도하소서! 하나님, 제 두뇌를 두루 관통하여 생각들을 인도하소서! 하나님, 인도의 가련한 사람들을 향한 제 사랑에 불을 붙여주소서! 하나님께서 이 세상의 절반의 사람들에게 저를 보내셨으니 그들을 향한 제 사랑에 불을 붙여주소서!"

그리스도께서는 "너희가 내 안에 거하면"(요15:7)이라 말씀하십니다. 오늘 저를 도우시어 단 한 순간이라도 그런 접촉을 잃어버리지 않게 해주소서! 그런 접촉의 스위치가 켜져 있을 때에만 제가 빛을 비출 것이기 때문입니다. 이 영광스러운 연결을 깨트리지 않게, 영원히 깨트리지 않게 도우소서!

항상 더 좋은 것을 주시는 분

하나님, 우리가 무언가를 찾을 때 정말로 그것을 발견하게 되는 것이 그저 놀랍기만 합니다. 우리는 찾는 그것을 발견합니다. 아니 언제나 그 이상의 것을 발견합니다. 우리는 가장 좋은 것을 찾을 때, 가장 좋은 것이라고 생각했던 것보다 더 좋은 것을 발견하게 됩니다. 그래서 우리는 예상하는 것보다 더 좋은 것들을 발견하기를 기대하면서 문을 엽니다. 더 좋은 것과 나쁜 것 가운데 더 좋은 것을 얻는 것은 언제나 좋은 일입니다.

하나님, 하루하루를 환경과의 경기(競技)로 반길 수 있게 도우소서! 안개처럼 피어나 제 시야에서 하나님을 가리는 장애들을 극복할 수 있게 도우소서! 그런 장애들은 오히려 의지에 새로운 힘을 불어넣고 그 힘을 발전시킵니다.

하나님, 가장 작은 일을 하려고 할 때 가장 열심히 할 수 있게 가르쳐주소서! 제 환경이 가장 차가울 때 제 영혼은 냉랭해진 이들의 유익을 위해 가장 뜨거워지게 해주소서! 로마에 가더라도 대부분의 로마 사람들처럼 되지 않게 해주소서!

감사의 고백

하나님, 주변에 친구들이 아무도 보이지 않을 때 제 친구가 되어 주시니 감사드립니다. 제 목소리를 통하여 사람들에게 말씀하시고 또 하나님께 가까이 있는 저의 새로운 삶을 매우 기뻐하신다고 제게 말씀해주시니 감사드립니다.

많은 것들이 하나님의 마음을 슬프게 했습니다. 제 자신의 과거도 하나님의 마음을 무척이나 슬프게 했을 것입니다. 그러나 이제는 하나님께서 제 삶을 기뻐하시니 그로 인하여 제 기쁨도 더 커집니다.

제가 이곳 부크사르에 머물도록 역사하신 것, 그리하여 보즈프리 방언(方言)을 말하는 사람들이 새로운 희망의 여정을 시작할 수 있도록 역사하신 것을 감사드립니다. 졸릴 때 하나님의 품으로 돌아가 그저 믿고 의지하는 마음으로 편안히 쉴 수 있게 해주시니 감사드립니다. 수수한 인도 소녀의 평온하고 깊은 눈을 통하여 저를 바라봐주시니 감사드립니다.

지금부터 1시간 동안, 단 1초라도 하나님을 제 생각에서 잊지 않기 위해 노력할 것입니다.

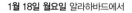 1월 18일 월요일 알라하바드에서

모든 필요를 채워주시는 하나님

하나님, 오늘 하나님의 손이 저를 인도하고 계심을 느꼈습니다.

하나님께서는 시험 기간 동안 단 한 번도 저를 실망시키지 않으셨습니다. 삶의 한순간도 하나님을 잊지 않으려는 제 임무는 다른 날들보다는 조금 나아졌을지 몰라도 오늘 역시 완벽하지 못했습니다.

그러나 하나님께서는 제 모든 필요를 채워주십니다. 우리가 '왕'이라 칭하는 하나님은 우리 모두에게 공기와 태양과 음식을 주시는 분이시요, 모든 것을 끊임없이 주시는 분이시요, 결코 식지 않는 사랑을 주시는 분이십니다.

우리는 하나님을 곧잘 잊어버립니다. 그러나 하나님은 결코 우리를 잊지 않으십니다. 우주라는 짐을 어깨에 지시고 낮이나 밤이나 우리를 기억하십니다.

저의 왕이시며, 저의 모든 필요를 채워주시는 하나님, 우리를 위해서 일하시고 또 우리 안에서 일하시는 하나님, 하나님께서는 우리의 모든 것을 다스리십니다.

저는 위대한 인물을 보거나 웅장한 예배당을 볼 때 떨립니다. 저를 도우시어 하나님의 용기를 갖게 하옵소서!

37

자녀를 향한 강렬한 열망

하나님, 함께한 사람에게 작별을 고하면서 흐느끼는 한 무리의 여인들은 그 사람에게 품고 있던 사랑을 드러냅니다. 하나님은 그런 사랑이시겠죠?

오늘 아침 저는 제 안에 있는 사랑으로 아들 밥(Bob)을 위해 기도했습니다. 다 큰 아이를 두 팔로 감싸 안으며 분투하는 그 아이를 돕고자 하는 강렬한 열망을 느꼈습니다. 하나님은 제 안에 있는 그런 사랑이시겠죠?

하나님도 저처럼 자녀들을 향한 강렬한 열망을 지니고 계시다면 어찌 그 마음이 미어지지 않겠습니까?

만일 제가 아들 밥을 사랑하는 것처럼 이 수백만의 인도 사람들을 사랑한다면, 저는 정말로 좌절된 갈망으로 인하여 미쳐버릴 것입니다. 나약한 사랑을 지니고 있는 저조차 이 사람들을 생각하면 절로 울음이 납니다.

그런데 하나님은 고통에 신음하며 절망하고 두려워하는 한 사람까지도 기억하십니다. 하나님은 잠도 주무시지 않으시며 그들을 단 한순간도 잊지 않으십니다. 그들을 완전하게 사랑할 용기와 온 세상의 고통

을 감내할 용기를 지니고 계십니다. 하나님의 사랑은 영원한 그 십자가
의 사랑이십니다.

영혼에 불을 타오르게 하소서

하나님, 오늘은 중요한 만남으로 꽉 찬 날입니다. 오늘 제 입술에서 나오는 모든 말을 저를 대신하여 말씀해주소서! 제 마음 안에서 걸으시고, 거기에서 하나님의 생각을 생각하옵소서! 제 가슴 안에서 타오르소서! 제 눈을 다스리소서! 오늘 하루 종일 제 안에 거하시고 제 안에서 사랑하소서!

또한 우리가 이곳 인도의 문맹퇴치와 필요에 관한 주님의 생각과 마음을 구할 때에 우리 가운데, 우리 한 사람 한 사람 안에 거하소서!

오늘 총회에서 우리의 영혼에 불을 지피시어 다시는 용기를 잃지 않게 해주소서! 종이에 불이 확 타올랐다가 금세 꺼져버리는 것처럼 하지 마시고, 우리 마음속에 영원한 태양이 있는 것처럼 우리 영혼에 불을 지펴주소서! 그리하면 인도에 문맹 문제가 녹아 없어질 것이며 이 모든 것을 그리스도께서 다스릴 것입니다.

하나님의 아프도록 사랑하는 마음

하나님, 이번 회의를 마치고 자발푸르를 떠납니다. 지금까지 인도의 문맹퇴치에 관한 어떤 회의보다 훨씬 좋은 회의를 열어주신 하나님께 감사드리며 이곳을 떠납니다.

우리는 모든 시간을 기도로 보냈고, 하나님께서는 모든 시간에 임하시어 하나님의 뜻을 이루기 위해 역사하셨습니다. 하나님께서 역사하시도록 우리는 하나님께 분명한 수로(水路)를 열어드렸기 때문입니다.

하나님, 이제 회의의 대표들이 각자 집으로 돌아갈 때 자신들이 내린 귀한 결단을 저버리지 않게 붙잡아주소서! 하나님께서는 오늘밤 제 진지한 기도를 사용하시어 그들을 붙잡아주실 수 있습니다. 그래서 지금 이렇게 기도합니다. 내일도 기도할 것입니다.

"하나님, 강렬한 느낌으로 제 마음을 아프게 하는 무엇인가를 주심에 감사드립니다. 그것이 바로 하나님께서 인도를 사랑하시는 방법이며, 하나님의 아프도록 사랑하는 그 크신 마음이 이 수백만의 백성을 돌보시는 방법입니다."

순간이 아닌 지속성으로

하나님, 만약 모든 사람이 모든 상황에서 하나님과 지속적으로 소통하는 것이 가능하다면, 많은 사람이 주변에서 시끄럽게 떠들고 있는 이 기차역에서도 가능해야 할 것입니다.

그렇지만 하나님에 대해 생각하고 있다는 증거를 전혀 보여주지 못하는 사람들이 주변에 있을 때, 계급제도에 묶여 살아가고 있는 부당한 주인과 굽실거리는 하인의 모습이 소름 끼치도록 부각될 때에는 하나님께 집중하기까지 대단한 의지와 노력이 필요합니다.

하나님, 사회의 최하층에 있는 이 가련한 사람들을 사랑하도록, 이 순간뿐만 아니라 지속적으로 사랑하도록 저를 가르쳐주소서! 하나님의 꺼지지 않는 불을 가질 수 있도록 가르쳐주소서! 또한 그 불을 계급제도 타파 프로그램으로 바꿀 수 있도록, 하나님께서 계획하시고 진행하심으로 사람들을 해방시킬 수 있는 그런 프로그램으로 바꿀 수 있도록 가르쳐주소서!

하나님, 이것이 인도에 대해 두루 생각하고 있는 지금, 하나님의 생각을 찾고 노예 해방을 갈망하는 모든 사람을 위한 저의 기도입니다.

1월 24일 주일 아그라로 향하는 도중에

강한 그리스도인

예수님은 거센 풍랑으로 요동하는 바다를 보고 두려워하는 우리에게 "너희 믿음이 어디 있느냐?"(눅 8:25)라고 말씀하십니다. 우리는 모두 예수님께 놀라움을 느끼고 예수님을 찬양하려 합니다. 그러나 하나님께서 우리에게 찾으시는 것은 그러한 찬양이 아니라 그리스도를 닮도록 성장하는 것이며 그리스도께서 이루신 것들을 우리도 이루도록 하는 것입니다.

우리는 예수님처럼 될 수 없을 것이라고 불안해합니다. 심지어 하나님께 구하더라도 그렇게 될 수 없을 것이라고 걱정합니다. 그러나 예수님은 그런 불안과 걱정을 나무라셨고 또 나무라십니다. 왜냐하면 우리는 자신의 삶의 실패에 대해 변명하기보다 그 실패를 딛고 더 강해져야 하기 때문입니다.

우리는 예수님에게 깜짝 놀랍니다. 그러나 그런 놀람은 예수님을 기쁘게 해드리지 못합니다. 예수님이 날랜 손놀림으로 속임수를 쓰는 마술사가 아니라 우리가 본받아야 할, 두려움을 모르는 존재이시기 때문입니다. 우리는 두려워하고 놀랍니다. 우리는 질병이나 자연재해 앞에서 두려워합니다. 노예처럼 굽실거리며 용감하게 맞서지 못합니다.

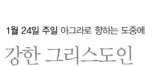

1월 24일 주일 아그라로 향하는 도중에

강한 그리스도인

예수님은 거센 풍랑으로 요동하는 바다를 보고 두려워하는 우리에게 "너희 믿음이 어디 있느냐?"(눅 8:25)라고 말씀하십니다. 우리는 모두 예수님께 놀라움을 느끼고 예수님을 찬양하려 합니다. 그러나 하나님께서 우리에게 찾으시는 것은 그러한 찬양이 아니라 그리스도를 닮도록 성장하는 것이며 그리스도께서 이루신 것들을 우리도 이루도록 하는 것입니다.

우리는 예수님처럼 될 수 없을 것이라고 불안해합니다. 심지어 하나님께 구하더라도 그렇게 될 수 없을 것이라고 걱정합니다. 그러나 예수님은 그런 불안과 걱정을 나무라셨고 또 나무라십니다. 왜냐하면 우리는 자신의 삶의 실패에 대해 변명하기보다 그 실패를 딛고 더 강해져야 하기 때문입니다.

우리는 예수님에게 깜짝 놀랍니다. 그러나 그런 놀람은 예수님을 기쁘게 해드리지 못합니다. 예수님이 날랜 손놀림으로 속임수를 쓰는 마술사가 아니라 우리가 본받아야 할, 두려움을 모르는 존재이시기 때문입니다. 우리는 두려워하고 놀랍니다. 우리는 질병이나 자연재해 앞에서 두려워합니다. 노예처럼 굽실거리며 용감하게 맞서지 못합니다.

하지만 예수님은 누가복음의 세 단락에서 연속적으로 파도와 귀신과 죽음을 향해 명령하는 법을 보여주십니다(눅 8:25-56, 참조). 우리는 지금 이곳 인도에서 많은 사람을 그리스도인으로 변화시키고 있습니다. 그렇지만 사드후나 신다르 싱 같은 이적을 행하는 그리스도인은 많이 나오고 있지 못한 것 같습니다. 우리는 지금 나약한 기독교를 전하고 있으며 행하고 있습니다.

"두려워하지 말라. 그의 강력한 능력으로 강해져라!"

무기력한 그리스도인은 너무나도 연약하여 자신도 극복하지 못합니다. 무기력한 그리스도인은 다른 사람들을 두려워합니다. 이로 인하여 오늘 이 시대가 고통으로 신음하고 있습니다.

사랑의 완전함으로

하나님, 달빛 어스름한 가운데 타지마할(Taj-Mahal)을 보게 허락해
주신 것을 감사드립니다. 그것은 흡사 하늘에 있는 많은 집들 가
운데 하나가 땅에 내려온 것만 같았습니다. 우아한 둥근 천장에서 하
늘까지 닿은 흰 양털구름은 밑으로 내려뜨리고 달빛 아래 고정시킨
그물처럼 보였습니다. 그것은 아름답게 조각한 대리석들로 이루어진
완전함 그 자체였습니다.

하나님께서는 이 모든 세상을 타지마할처럼 완전하게 만들라고 우
리에게 명하십니다. 강압적으로 건축된 그런 완전함이 아니라 달밤의
꿈처럼 조화롭고 아름다운 사랑의 완전함으로 만들라고 명하십니다.

그래서 우리는 우리가 주인인 그곳, 우리의 내면에서부터 시작합니
다. 그리고 마음으로 예수님을 바라봅니다. 우리는 하나님의 은은한
음성이 사랑으로 건축된 그 타지마할 건물 안에서 하나님께서 지침을
주는 동안에 매 순간 그 음성에 귀를 기울입니다. 그렇게 우리는 귀를
기울이며 섬깁니다.

하나님, 우리 함께 책을 쓸까요?

하나님, 제 모든 생각과 행동을 하나님의 뜻 아래서 하는 것! 그것이 바로 저의 진실한 목표입니다. 저는 이를 악뭅니다. 이 목표를 이루는 데에 강인한 의지가 필요하기 때문입니다. 제 생각이 하나님께서 이끄시지 않는 샛길로 빠지지 않게 하려고 싸우고 있기 때문입니다.

하나님, 우리 함께 인도의 문맹퇴치에 관한 책을 쓸까요? 하나님과 제가 공동 저자가 되어 책을 펴낼까요? 이 생각은 오늘 아침에 하나님으로부터 온 것입니다. 저는 그 생각에 동의합니다! 이제 이 글을 다쓰고 나면 자료를 수집하고 윤곽을 잡을 것입니다. 의심이나 흔들림으로부터 저를 지켜주소서! 이 일을 끝마칠 때까지 하나님과 동행하며 나아갈 수 있도록 지켜주소서!

저는 먼저 다음과 같은 성경 말씀을 읽습니다.

"그의 많은 죄가 사하여졌도다 이는 그의 사랑함이 많음이라"(눅 7:47).

"네 죄 사함을 받았느니라"(눅 7:48).

하나님, 저는 정말로 하나님을 많이 사랑합니다. 그러므로 하나님께서 하신 말씀이 저를 뜻한 것이기도 합니다.

성가신 일들의 유익함

하나님, 지난밤에 잠을 자지 못했지만 오늘 아침 이렇게 눈을 떠서 웃을 수 있는 것은 하나님이 저와 함께하시기 때문입니다. 잠은 중요하지 않습니다. 밤새도록 아래에서 들려오는 기침 소리 같은 방해들이 저를 하나님으로부터 멀어지도록 제가 허락하지 않는다면 제 성품에 유익이 됩니다.

만일 제가 저를 성가시게 하는 모든 것을, 하나님을 바라보며 하나님의 손을 꼭 붙잡고 "이런 성가신 일을 통하여 말씀하시는 것이 무엇입니까?"라고 질문할 수 있다면, 인생의 울퉁불퉁한 지점들을 하나님의 어휘로 바꿀 수 있는 능력이 제게 있는 것입니다.

만일 제가 그런 일들을 완벽하게 해낼 수 있다면, 그 무엇도 제 영혼을 꺾지 못할 것입니다. 그리고 그것이 전적으로 저의 장점으로 기록될 것입니다.

이 땅의 매끄러운 것들을 거칠게 만드는

방해를 받을 때마다

기쁘게 반겨라!

하지만 이전에 저는 엄청난 과업을 눈앞에 두고 성가신 그의 기침에 저 자신을 노출시킬 수가 없었습니다. 저는 하나님께서 그런 것들을 통하여 제게 무엇을 말씀하려고 하시는지 생각해보지 않았습니다. 저는 인도의 유익을 위해 행동해야 했음에도 그렇게 하지 못했습니다.

쓸쓸하지 않은 이유

하나님, 세상의 관점으로 보았을 때 저는 지금 정말로 유난히도 쓸쓸한 곳에 있습니다. 왜냐하면 저에 대해 별반 관심도 갖지 않고 제 일에 대하여는 더욱 관심을 보이지 않는 낯선 사람들 가운데 있기 때문입니다.

하지만 저는 편한 마음으로 웃습니다. 이것이 하나님의 일이고 또 하나님께서 저를 이곳으로 보내셨기 때문입니다.

저는 매 순간 하나님을 제 생각 안에 모시는 일을 잘해내고 싶습니다.

저는 모든 생각을 하나님과 의논하는 과정에서 하고 싶습니다.

하나님을 향하여 마음 문을 열 때마다 언제나 놀라울 정도로 지혜를 받지만,

하나님을 망각할 때마다 언제나 지혜가 부족해지기 때문입니다.

제 모든 생각과 모든 것을 하나님께로 가져가는 것을 가르치소서!

PART 2

하나님의 마음과 생각으로
사역하게 하소서

원수와의 대결

로마서 3장

하나님, 하나님의 마음과 같은 마음이 되는 것을 방해하는 생각들을 떨치기가 너무 어렵습니다. 아마도 이 싸움 역시 제게 매우 유익할 것입니다. 어쩌면 이 싸움은 제 주변의 모든 사람과 저를 이어 주는 이해의 고리일지 모릅니다.

우리의 본성 깊은 곳으로부터 성적(性的)인 상상이 파도처럼 끓어오릅니다. 오늘 아침은 그렇게 시작되고 있습니다. 그러나 저는 그것을 하나님과의 교제를 훼방하는 원수를 정복하라는 도전으로 반깁니다. 저는 오늘 그 원수들을 압도해야 하며, 압도할 수 있으며 또한 압도할 것입니다.

하나님, 여기 제 의지가 있습니다. 그것이 제 내면에서 하나님과의 교제를 훼방하는 원수들과 싸워서 승리를 거두게 하소서! 만약 병상에 누워 있는 이들에게 이것이 가능하다면 제게도 가능해야 할 것입니다.

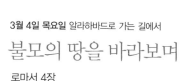

3월 4일 목요일 알라하바드로 가는 길에서

불모의 땅을 바라보며

로마서 4장

하나님, 우리 인류에게 진짜 재앙이 무엇인지 알았습니다. 그것은 바로 이웃을 자신처럼 사랑하는 사람들이 너무나도 적다는 사실입니다. 다른 사람을 축복하기 위해 자신의 이익을 희생하려는 사람들이 너무나도 적습니다. 다른 사람을 돕는 일에 헌신하려는 사람들이 너무나도 적습니다.

지금 저 창밖으로 메마른 불모의 땅이 드넓게 펼쳐진 것이 보입니다. 억압적인 지주들로부터의 자유와 물, 이 두 가지만 있으면 정말로 풍성한 열매를 맺을 땅이 보입니다. 사람들은 태양열 펌프를 이용하여 그 땅에 물을 끌어올 수 있습니다. 그러나 태양열 펌프를 만드는 유리의 값이 비싸다는 이유로 누군가가 반대하고 있습니다.

왜 유리가 비쌀까요? 엄청나게 풍부한 모래들을 사용하여 대량으로 싸게 유리를 만들면 안 되는 것일까요? 그렇게 할 수 있을 것입니다. 그러나 사람들은 좀처럼 그렇게 하려고 하지를 않습니다.

한 소년의 질문

로마서 5장

하나님, 오늘 열차 안에서 한 소년이 제게 다가와 이렇게 물었습니다.

"어떻게 하면 영원한 생명을 얻을 수 있나요?"

제가 하나님에 대해 생각하고 있었기 때문에 그런 일이 일어난 것일까요?

제 개인적인 체험으로 그 아이에게 대답할 수 있어서 얼마나 기뻤는지 모릅니다. 그 일은 우리가 매 순간 모자람이 없어야 한다는 것에 대한 좋은 예입니다. 또한 부담을 느끼거나 상대방을 난처하게 괴롭히지 말고 우리가 가진 것들을 단순하게 쏟아 부어야한다는 사실에 대한 훌륭한 예입니다.

오늘 아침, 열차에서 내려 거리의 모든 사람을 위해 기도했을 때 정말로 새로운 에너지가 제 안에서 끓어오르는 것을 느꼈습니다. 거리의 모든 사람을 위한 그 순간의 기도가 그들에게 무엇을 해주었을지 저는 결코 알지 못합니다. 하지만 그것이 저를 위하여 한 것은, 전기처럼 짜릿한 충격을 주는 것이었습니다.

그 충격은 심신의 피로를 몰아내고 사람에게 열정적인 능력을 주어 마음을 두근거리게 합니다. 이렇게 한 사람이 다른 사람들을 풍요롭게 할 때, 그 사람은 참으로 묘한 감정을 느낍니다. 예수님도 그러시겠지요?

3월 6일 토요일 알라하바드에서

하나님을 향한 문

로마서 6장

하나님, 날마다 새로운 깨달음을 주시니 감사드립니다. 그것은 제가 날마다 하나님의 음성에 귀를 기울이면서 하나님께서 인도해주시기를 기다릴 때 그 즐거움은 더합니다. 믿음 위에서 담대하게 나아가는 것이 옳다는 사실을 입증해주시니 감사합니다.

오늘 아침 문맹자 교육이 훨씬 더 잘 진행될 수 있게 해주셔서 감사드립니다. 열정적으로 일하는 훌륭한 동료를 주신 것 또한 감사드립니다. 하나님의 군사들이 인도의 문맹을 퇴치할 수 있도록 새로운 문을 계속 열어주시니 감사드립니다.

오, 하나님! 저를 도우소서! 하나님을 향한 문은 계속 열어놓되 어떤 형태의 죄이든 죄를 향한 문은 계속 닫아놓을 수 있게 도우소서!

하나님의 문으로, 전적으로 하나님의 문으로, 오직 하나님의 문으로, 하나님께서 열어주시는 문을 통하여 즉각 순종하면서 걷게 하소서!

놀라운 증거

로마서 8장

하나님, 우리 인생에서 필요한 한 가지는 우리의 모든 결정과 모든 말에서 하나님의 인도하심을 받는 것입니다. 우리의 인생이 그것을 매 순간 입증하는 놀라운 증거입니다.

매일 부어주시는 깨달음

로마서 9장

하나님, 힌디어를 말하는 사람들과 우르드어를 말하는 사람들이 스스로 읽고 쓰기 위한 학습목표를 세우도록 역사해주시니 감사드립니다. 그것은 참으로 놀라운 일입니다.

그들이 이처럼 쉽게 그런 결정에 이른 것이 기적처럼 보입니다. 마치 그들이 그것을 위해 영원 전부터 예정되었던 것처럼 보입니다. 제 머리로 그런 생각들을 검토하게 하시고 그것들이 완벽해질 때까지 절대 놓지 않게 역사해주신 것을 감사드립니다. 그런 아이디어들은 분명 제 생각의 창문이 하나님을 향해 열려 있을 때 하나님으로부터 온 것입니다.

저는 하나님을 향해 문을 열어놓을 때마다 하나님께서 날마다 새로운 깨달음을 주신다는 것을 과거의 숱한 체험으로 깨달았습니다. 그래서 지금도 하나님을 향해 문을 열어놓고 새로운 계시를 갈망합니다.

온전한 대답

로마서 10장

하나님, 오늘 아침 잠에서 깨어났을 때 하나님을 향한 새로운 접근 방법을 깨우쳐주신 것에 감사드립니다. 저는 하나님께 이렇게 고백했습니다.

"하나님, 하나님은 우리의 질문에 대한 온전한 대답을 알고 계십니다!"

그러자 제 의식 가운데 어떠한 깨달음이 들어왔습니다. 하나님께 온전한 대답을 받은 것입니다.

저는 매 순간 하나님을 제 생각 안에 모시는 일을 잘해내고 싶습니다. 저는 모든 생각을 하나님과 의논하는 과정에서 하고 싶습니다. 하나님을 향하여 마음 문을 열 때마다 언제나 놀라울 정도로 지혜를 받지만, 하나님을 망각할 때마다 언제나 지혜가 부족해지기 때문입니다.

제 모든 생각과 모든 것을 하나님께로 가져가는 것을 가르치소서! 그리하여 하나님으로부터 멀리 떨어진 생각들을 구하지 않게 하시고 언제나 항상 하나님과 동행하도록 하소서!

하나님과 합력하여 일할 때

로마서 11장

하나님, 하나님께서는 오늘 있었던 우르드어 수업 일정에 경이롭게 개입해주셨습니다.

오늘날 모든 이적 가운데서 가장 큰 일은 조용히 하나님을 묵상할 때나 무릎 꿇고 기도할 때가 아니라 하나님의 음성에 귀 기울이며 하나님과 협력하면서 일할 때 가장 잘 깨달을 수 있다는 사실을 알게 된 것입니다.

또한 하나님과 지속적으로 대화하는 습관이 날마다 더 쉬워지고 있는 것에 감사드립니다. 저는 제 모든 생각이 하나님과의 대화가 될 수 있다고 진실로 믿습니다. 이해할 수 없는 당황스러움 대신에 해답을 깨달았을 때 느껴지는 이 새로운 느낌은 무엇일까요? 지적(知的)인 이적이 일어나고 있는 것 같은 이 느낌은 무엇일까요?

오, 하나님! 우리의 진정한 싸움이 마음의 싸움이라는 것을 알게 되어 정말로 기쁩니다. 외적인 죄의 행위는 내적인 질병이 드러난 것일 뿐입니다. 외적인 친절의 행위 또한 내적으로 하나님과 함께하고 있다는 것이 드러난 것일 뿐입니다.

하나님의 은혜를 맛보다

로마서 13장

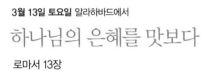

하나님, 식사를 하면서 제 앞에 놓인 음식들 안에서 하나님을 보려고 힘쓰며 그것들을 입으로 가져갔습니다. 그리고 그때, 제가 그 음식 안에 있는 하나님의 은혜를 맛보고 있다는 사실을 깨달았습니다.

우리가 어떤 음식을 먹을 때마다 하나님은 그 음식 안에 계십니다. 저는 하나님의 음성을 듣고 하나님을 보기 위해 지금까지 노력해왔습니다. 하지만 음식에서 하나님의 풍성한 은혜를 맛보려는 노력이나 꽃에서 하나님의 향기를 맡으려는 노력은 하지 않았습니다.

하나님! 새롭고 놀라운 문들이 활짝 열리는 것처럼, 인도 국회의 힌디어 개정위원회가 행한 것처럼, 저도 제 머리를 활짝 열어놓을 수 있게 도와주소서!

하나님, 하나님께서는 우리의 실패에 실망하여 아파하고 계십니다. 우리도 이 세상으로 인해 아파하고 있으므로 하나님을 이 세상에서 가장 높은 성품의 본으로 삼고 있습니다. 하나님, 십자가도 하나님의 그런 성품을 그대로 드러내고 있습니다.

힌디어 알파벳 개정을 위하여

로마서 14장

하나님, 이번 주는 정말로 하나님과 함께 일하는 놀라운 한 주였습니다. 하나님께서는 제 마음에 불을 지피시어 새로운 노력을 시작하게 하셨습니다. 그래서 지금 이곳을 떠나려는 시점에서, 힌디어 알파벳 개정 실험을 진행할 사람들을 위해 기도합니다.

랄라 람을 위해 기도합니다. 그가 그 실험의 비결을 알고 있기 때문입니다. 그밖에 다른 모든 신실한 사람들을 위해 기도합니다. 그들을 도우시어 하나님의 응답을 구하는 탐색을 지속하게 하소서!

하나님! 힌디어 알파벳의 최종 개정에 관한 위원회 개회를 앞두고 있는 지금, 저를 통하여 하나님의 뜻을 이루소서!

새로운 날, 새로운 이적

고린도전서 1장

어제는 이적의 연속이었습니다. 자신의 영혼의 고독에 대해 말하기 위해 우리 집까지 따라왔던 한 청년, 제가 추구한 대로 완벽하게 개정된 철자법에 관한 카카 칼리카의 뜻밖의 열정, 너무나도 쉬워서 한나절이면 다 익힐 수 있는 이 단순한 활자로 신문을 발행하자는 제 생각을 수용한 그의 열정, 저를 저녁 식사에 초대하여 자신들의 영적 갈망에 대해 이야기한 부부, 이 모든 일은 제 믿음이 옳았음을 확증해주었습니다.

그러나 그런 어제는 지나가고 이제 새로운 날이 되었습니다. 하나님, 오늘 이 하루는 또 어떤 새로운 이적을 낳을까요? 아니 제가 하나님께 여쭐 진짜 질문은 바로 이것입니다.

"오늘 순간순간마다 제가 어떤 일을 행하기를 바라십니까?"

저는 오늘 깜짝 놀랄 일이 일어나지 않으면 어쩌나 염려하지 않습니다. 제가 염려하는 것은 단지 모자람이 없는 온전한 순종의 삶을 살지 못하면 어쩌나 하는 것입니다.

중요한 선택의 기로

고린도전서 2장

하나님, 힌디어 강좌를 책으로 출간할 준비를 마치게 하신 것에 감사드립니다. 한 청년이 저를 찾아와 한 시간 동안 장래 문제에 대해 이야기한 것이 무척 기쁩니다. 저를 레밍턴 사무실로 인도하시니 무척 기쁩니다.

하나님, 저는 지금 힌디어 알파벳과 관련하여 몇 가지 대안 중에서 하나를 택해야 하는 중요한 선택의 기로에 직면해 있습니다. 제 자신이 만든 자체(字體) 알파벳을 도입해야 할까요, 아니면 카카 클리카가 승인한 개정된 알파벳을 도입해야 할까요, 아니면 기존의 알파벳으로 작업을 해야 할까요?

하나님은 정답을 알고 계십니다. 저에게 하나님의 음성을 듣기 위한 활짝 열린 마음을 주시고 믿음도 주시어 후회 없는 선택을 할 수 있게 하소서! 이곳 인도의 지도자들이 하나님께서 바라시는 것을 받아들일 수 있도록 준비시켜주소서!

가장 단순한 알파벳을 장려하는 것이 그저 어렵게만 느껴집니다. 하지만 하나님! 당신께는 결코 그렇지 않은 일임을 믿습니다. 그렇지요?

하나님이 바라시는 일

고린도전서 3장

하나님, 거대한 금성을 바라볼 때, 한없이 멀리 있는 별들을 바라볼 때, 저 멀리 맹렬하게 타오르는 태양을 나무들 사이로 응시할 때, 그리고 그 엄청난 것에 대해 조금씩 깨달을 때, 그 모든 것이 하나님의 손에서는 그저 장난감에 지나지 않는다는 것을 기억합니다.

하나님은 언제나 모든 곳에 계십니다. 그러므로 이 우주는 저의 우주이기도 합니다. 그리고 저는, 하나님께서 제가 이 땅에서 수행하기를 바라시는 모든 일을 다 행했을 때 하나님과 함께 이 드넓은 우주의 범위 저편에 있는 다른 일들에 달려들 것입니다.

하지만 지금은 하나님께서 바라시는 일에 전념할 것입니다. 지금 하나님께는 셀 수 없이 많은 친구가 있습니다. 그러나 하나님, 이곳 뭄바이와 인도 전역과 세상 모든 곳에 있는 저와 관계된 사람들 모두가 하나님과 함께 하게 해주소서! 제 마음이 그렇게 되기를 바라는 열망으로 예민해지게 해주소서!

하나님, 제 기도가 이보다 더 결연해져야 하는 것인지요? 지금 이 순간 제 기도를 요하는 다른 결정적인 문제들이 있는 것인지요?

암베드카와의 만남을 위해

고린도전서 4장

하나님, 하나님과 지속적으로 교제를 나누는 일만큼 중요한 것은 하나님께서 바라시는 일들을 행하는 것입니다.

제가 어제 이곳의 감독 한 사람에게 했던 것처럼 시시한 재잘거림으로 하나님을 피곤하게 하면 안 될 것입니다. 저는 하나님께서 바라시는 그대로 지속적으로 하나님의 음성에 귀를 기울입니다. 그리고 오직 하나님께서 명하시는 대로만 말할 뿐입니다.

하나님, 이 세상에 필요한 것들 가운데 무엇을 기도로 아뢰기를 바라십니까? 하나님께서는 이 의기소침하게 계급제도에 묶인 사람들을 위해 기도하기를 바라십니다. 누구도 예상하지 못한 방식으로 암베드카(Bhimrao Ramji Ambedkar, 1893-1956. 인도의 정치가 법률가이며 인도 사회의 계급해방 운동 지도자)와 접촉할 수 있는 문을 열어주신 하나님께 감사드립니다.

그와의 면담을 위해 제가 꼭 해야 할 일이 있습니다. 그것은 바로 그와의 만남 전에 그와 저를 준비시켜달라고 하나님께 구하는 것입니다. 암베드카와 저 모두를 위해 기도합니다. 그와의 면담이 인도 전역에 영향을 끼칠 것이기 때문입니다.

실패가 실패가 아닌 이유

고린도전서 5장

하나님, 제가 육신의 어떤 쇠약함으로 하나님께서 오늘 계획하신 모든 일을 온전히 행하지 못하는 경우가 일어나지 않게 도와주소서!

오늘 마치 하나님의 응답을 전하기라도 하는 것처럼 새로운 편지들이 도착했습니다. 특히 자신의 신비로운 체험에 대해 전해준 스투한 부인의 편지가 그러했습니다.

우리는 기도의 동료로 이루어진 강력한 조직으로 세상을 덮어야 합니다. 이 세상은 너무나도 넓고 또 하나님을 반대하는 요인들이 실로 강하기 때문입니다.

오늘 저녁은 정말로 외롭고 실망스러웠습니다. 암베드카는 새로 들어선 정부가 개정된 알파벳의 실험을 맡아주기를 원하고 있고, 우리가 새로 들어선 정부와 교섭해야 한다고 생각하고 있습니다. 하나님, 어쩌면 그것은 패배일지 모릅니다. 아니 그것은 패배가 될 수 없습니다.

제 마음을 낙담시키는 이 외로운 날이, 낙담한 상태에 있는 수많은 사람의 마음을 헤아리도록 도와줄 것이기 때문이며, 그 사람들을 섬기는 일을 더욱더 갈망하도록 도와줄 것이기 때문입니다.

새로운 도약은 언제나 이런 낙담으로부터 나왔습니다. 이제 그것이 반복될 것입니다.

3월 20일 토요일 솔라푸르에서

오직 하나님의 방법을 발견하도록

고린도전서 6장

어제는 몇 시간 동안이나 하나님과 가까이하지 못했습니다. 그래서 제가 온몸에 열이 나는 것과 더위를 이겨내지 못한 까닭이 무엇인지 곰곰이 생각해보았습니다.

오늘도 순간순간 하나님을 떠올리는 일을 지속적으로 수행하지 못했습니다. 지독한 더위가 제 변명입니다. 그렇지만 누가 변명을 원하겠습니까?

하나님, 이것은 제가 어떤 장애들을 극복할 수 있는지 깨닫기 위한 기회입니다. 사도 바울은 그 무엇도 우리를 하나님으로부터 끊을 수 없다고 말했습니다(롬 8:39). 그런데 지독한 더위 따위가 하나님으로부터 우리를 끊을 수 있을까요?

하나님, 제가 마라티어(인도 뭄바이 및 그 부근 마라타 족이 쓰는 언어)의 개선점을 찾으려고 힘쓸 때 그 언어를 말하는 사람들을 위하여 제게 하나님의 지혜를 허락하소서! 마라티어를 읽고 쓰는 수업은 매우 쉬워야 합니다. 하지만 이런 더위 속에서는 그것을 읽고 쓸 줄을 모르는 이곳 사람들의 노력을 기대하기가 불가능해집니다.

하나님, 읽고 쓰기 수업을 쉽게 만들 수 있는 방법을 발견할 수 있게 도우소서! 하나님의 방법을 정확히 발견할 수 있게 도우소서! 오직 하나님의 방법을 발견할 수 있게 도우소서! 그 이상도 이하도 아닌 하나님의 방법을 발견할 수 있게 도우소서!

눈에 보이지 않는 엄청난 실체

고린도전서 7장

하나님! 어젯밤 갈런드(Garland)의 《정신 연구 40년》이라는 책을 읽으며 우리가 눈에 보이지 않는 엄청난 실체들을 발견해야 한다는 사실에 깜짝 놀랐습니다.

눈에 보이지 않는 모든 것에는 두 존재가 있습니다. 그 두 존재는 다른 나머지보다 무한하게 더 높아, 저는 다른 것들에 대한 탐색은 우연히 만날 때까지 제쳐놓고 탐색을 하나님과 예수님께 제한해야 합니다.

그럼에도 늙은 제 조부(祖父)나 본국에 있는 다른 어떤 사람들이 저를 거들어준다거나, 제가 그것을 알게 되기를 하나님께서 바라신다면 기꺼이 그렇게 하겠습니다.

오늘 하루 종일, 매 순간마다 도우시어 하나님께서 가까이 계심을 잊지 않게 하소서! 이 고요한 주일 아침에 하나님의 음성에 계속 귀를 기울이게 하소서! 제 안과 밖의 천 가지 방향에서 들려오는 하나님의 음성에 계속 귀를 기울이게 하소서!

작은 지구본의 도움

고린도전서 8장

하나님, 삶의 1분 1초 단 한순간이라도 하나님을 망각하지 않으려는 이 마음의 훈련은 제가 지금까지 시도했던 모든 훈련 가운데 가장 어렵습니다. 저는 이 작은 지구본이 제게 커다란 도움을 주고 있다는 사실을 깨닫습니다. 이것이 모든 인간을 위한 하나님의 생각을 따라갈 수 있게 도와주기 때문입니다.

이런 노력은 하나님을 지속적으로 기억하는 것과 하나님의 음성에 귀를 기울이는 것 이상의 무엇이 되어야 합니다. 또한 제 마음속에서 하루 종일 세상에 관한 하나님의 생각을 하시도록 해야 합니다.

그런 생각들은 중대한 필요가 어디에서 발생하느냐에 따라서 가까운 곳에 관한 생각이 되기도 하고, 먼 곳에 관한 생각이 되기도 합니다.

지금 제 생각은 스페인으로 급히 움직입니다. 그곳에서 증오가 최악의 상태로 풀려나 있기 때문입니다. 하나님, 스페인을 위해 기도합니다. 그곳에서 하나님의 뜻이 이루어지기 위해 기도합니다.

하나님, 우리 인간이 평화와 정의에 이르는 길을 아무것도 발견할 수 없는 것입니까? 정의가 또 다른 전쟁 위에 세워져야 하는 것입니까? 하나님, 서반구를 위해 기도합니다. 파괴와 멸망으로부터 구하소서!

사도 바울의 경이로운 생각처럼

고린도전서 10장

하나님, 사도 바울은 다음과 같이 말했을 때 정말 경이로운 지혜를 드러냈습니다.

"내가 내 몸을 쳐 복종하게 함은"(고전 9:27).

"그런즉 선줄로 생각하는 자는 넘어질까 조심하라 사람이 감당할 시험 밖에는 너희가 당한 것이 없나니 오직 하나님은 미쁘사 너희가 감당하지 못할 시험 당함을 허락하지 아니하시고 시험 당할 즈음에 또한 피할 길을 내사 너희로 능히 감당하게 하시느니라 … 누구든지 자기의 유익을 구하지 말고 남의 유익을 구하라 … 유대인에게나 헬라인에게나 하나님의 교회에나 거치는 자가 되지 말고 나와 같이 모든 일에 모든 사람을 기쁘게 하여 자신의 유익을 구하지 아니하고 많은 사람의 유익을 구하여 그들로 구원을 받게 하라"(고전 10:12,13,24,32,33).

하나님, 지금 이 순간 제가 행할 수 있는 가장 귀하고 숭고한 일이 무엇일까요? 하나님께서 땅에서 움직이실 때 제 생각이 하나님의 생각과 함께 어울릴 수 있을까요?

인생 최고의 3개월

고린도전서 11장

하나님, 이 새로운 방법이 이곳 인도의 수많은 문맹자를 끌어당기고 있으며, 또 서로를 가르치게 하고 있으니 감사드립니다.

고드라와 알라하바드와 저블푸어에서 온 편지들로 인하여 감사드립니다. 그 편지들은 결국 우리가 인도의 언어를 위해, 또 읽고 쓰는 것을 배우는 사람들이 서로를 가르칠 수 있도록 하기 위해 올바른 길을 걷고 있는 믿음과 용기를 줍니다. 그것은 하나님께서 인도에 주신 선물입니다.

수렁에 빠지지 않게 도우소서! '하나님을 계속 가까이 하는 것'을 올해 초 3개월보다 더 잘해낼 수 있게 도우소서! 그동안의 시간은 제 인생 최고의 3개월이었습니다.

제가 매 순간 그저 하나님을 계속 가까이 하기만 하면 하나님께서 나머지 모든 것을 해주신다는 사실을 체험으로 배웠기 때문입니다.

하나님, 하나님께 더욱 가까이 가게 하소서! 지금보다 더 지속적으로 하나님께 더욱 가까이 가게 하소서!

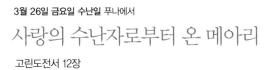

3월 26일 금요일 수난일 푸나에서

사랑의 수난자로부터 온 메아리

고린도전서 12장

사도 요한은 요한복음 13장부터 19장까지 예수님이 십자가에 달리시기 전날인 목요일 밤과 십자가에 달리신 금요일에 대해 말합니다.

저는 이 기차역에 홀로 앉아 그 성스러운 비극의 메아리를 듣고 있습니다. 제 존재에 조금이라도 가치 있는 것이 있다면, 영속적으로 조금이라도 가치를 지니게 될 것이 있다면, 그것이 무엇이든지 그것은 친절한 사랑의 수난자로부터 온 것입니다.

오, 하나님의 그리스도시여! 그리스도와의 관계를 단절하는 순간 저는 비루해지고 제 의지는 분열됩니다. 반면에 제 의지가 그리스도의 의지에 꼭 달라붙어 있을 때에 비로소 기적이 일어납니다.

저는 올해 1월 이후 이적이 일어나는 것을 목격했습니다. 그리스도는 포도나무입니다. 이 수백만의 가지들은 그리스도 안에 거할 때가 아니면 말라죽습니다.

오, 그리스도시여! 그리스도의 마음에서 오순절의 능력을 끌어오기 위해 제 의지를 십자가에 달리신 그리스도의 찢어진 마음에 더 깊게 파묻겠습니다. 그리스도의 찢어진 마음 안에 머물도록 도우소서! 그

75

리스도의 찢어진 마음 안에 거하도록 도우소서!

　제게는 이 세상의 다른 어떤 것도 중요하지 않습니다. 제게 중요한 것은 십자가에 달리신 그리스도의 찢어진 마음 안에 깊이 머무는 능력입니다.

복된 통로

고린도전서 14장

하나님, 부활주일 아침 예배를 마치고 집으로 돌아온 지금, 저는 영의 세계에서 새로운 것들을 발견하여 놀라고 있습니다.

어젯밤, 저는 교회 교인들이 그리스도를 만날 수 있도록, 그리스도께서 각 사람에게 삶의 모든 순간과 생각과 모든 것을 그분께 바치라고 요청하실 수 있도록 힘썼습니다. 또한 그렇게 노력하고 있을 때, 그 교회의 거의 모든 사람들이 그리스도의 환상을 본 것처럼 움직이고 행동하는 것을 목격했습니다.

아버지께서는 언제나 여기에 계십니다. 아버지, 사람들이 아버지를 만나고 아버지의 음성을 들을 수 있도록 돕기 위해 제가 통로가 되어야 하는지요? 아버지께서는 "그렇다!"라고 대답하실 것 같습니다.

그리스도께서 제 육신의 비밀스러운 능력들(정신의학 전문가들이 정말 제게 그런 능력이 있다고 입증할 것 같은)을 들어 쓸 수 있을 때에 사람들에게 말씀하실지 모르고 사람들이 보이지 않는 그리스도를 볼 수 있을지 모릅니다.

오, 그리스도시여! 저를 들어 쓸 수 있으시거든 제가 가진 것 무엇이든지 다 쓰소서! 제가 가진 모든 것을 다 쓰소서!

1분 1초도 하나님과 함께

고린도전서 15장

하나님, 제 체험상 하나님과 함께 있는 1분은 언제나 열매를 맺을 뿐만 아니라 그 열매도 종종 놀라운 것이라는 사실을 입증합니다. 또한 제 체험은 하나님으로부터 떨어져 있는 1분이 낭비된 시간이고 악한 생각들로 가득한 시간이라는 것을 입증합니다.

포도나무 가지가 포도나무에 붙어 있어야 하는 것처럼 우리 또한 예수님 안에 거해야 한다고 예수님은 말씀하십니다. 포도나무 가지는 언제나 포도나무 안에 거합니다.

"내 안에 거하라 나도 너희 안에 거하리라 가지가 포도나무에 붙어 있지 아니하면 스스로 열매 맺을 수 없음같이 너희도 내 안에 있지 아니하면 그러하리라"(요 15:4).

제 앞에 전기 플러그가 있습니다. 전선의 전원을 끊으면 빛이 사라집니다. 조금 전에 제가 갖고 있던 것들은 아무 도움이 되지 않습니다. 저는 여전히 약간 밝을지 모릅니다. 그러나 저는 더 이상 빛이 아닙니다.

예수님은 "나를 떠나서는 너희가 아무것도 할 수 없음이라"(요 15:7 참조) 말씀하십니다. 예수님을 떠나면 아무것도 말할 수 없고, 아무도 도울 수 없고, 아무것도 될 수 없습니다.

그러므로 저는 매 순간 그리스도께 연결되어 있어야 합니다. 이는 어렵지만 본질적인 것입니다. 하나님, 여기 제 마음속에서 하루 종일 하나님의 생각을 하소서! 제 생각이 아니라 하나님의 생각을 하게 하소서!

아프리카를 향해

고린도후서 1장

아버지, 제가 아버지에 대해 꼭 말해야만 하는 것들을 사람들이 좀처럼 들으려 하지 않게 만드는 제 자아의 특징들이 너무 많습니다.

제 목소리나 외모 역시 그런 것 같습니다. 어쩌면 제 주름살이 더 깊어짐에 따라 더 많은 사람이 등을 돌려 저보다 더 젊은 사람을 찾아갈지 모릅니다. 만약에 그런 일이 일어나면, 아버지께서 텅 빈 제 마음을 채우고 또 채우시어 마침내는 아버지 자신으로 가득 채우시리라는 사실 이외의 그 무엇도 저를 구할 수 없을 것입니다.

이 배에 홀로 있는 지금, 큰 경적 소리가 배웅하는 이들에게 떠나기를 종용하고 배의 건널판이 거둬지고 있는 이때에 저를 도우시고 또 도우시어 이 아름다운 날들을 완벽하게 아버지의 것으로 삼으소서!

아버지! 아프리카에 도착할 때까지의 길고도 긴 항해 기간 내내 제가 아버지께 계속 마음을 열어놓고 또 이 배에 타고 있는 승객들 모두에게 마음을 열어놓을 때에 그들에게 어떤 일들이 일어날 수 있는지 아버지와 함께 지켜보기를 원합니다.

저는 이제 인도의 인종적, 종교적 편견을 그대로 안은 채 인종적인 증오와 학대가 더욱더 가득한 아프리카로 들어가기 위해 인도를 떠납니다.

오, 정결한 사랑이시여! 이제 아프리카의 비극적인 수백만 백성들을 돕기 위해 힘쓸 때 저를 온전히 소유하소서!

하나님! 제 삶의 매 순간 하나님을 의식하는 이 훈련을
최소한 며칠이라도 두 가지 관점에서 매일 기록을 하기로 결정했습니다.
이 훈련을 흡족하게 수행하지 못한 날들이 많았기 때문입니다.
하루 동안 하나님을 의식한 시간이 몇 퍼센트였는지를 기록할 것이고,
하루를 살면서 제가 하나님의 뜻이라고 분명히 믿는 것들을
제 의지가 거역했는지를 기록할 것입니다.

PART 3

매 순간 하나님만
의식하길 원합니다

하나님이 주신 열쇠

고린도후서 2장

하나님, 우리는 우리가 증오와 편견 같은 저열하고 천한 마음으로부터 자유롭다는 것을 사람들에게 보여주기만 해도 이 땅 모든 곳에서 인류를 고통스럽게 하고 있는 편견과 증오와 장벽들을 녹일 수 있습니다.

그리스도시여! 그리스도께서는 하나님이 사랑이라고 계시하셨습니다. 우리는 이 땅 위에서, 모든 종교 안에서 하나님의 다른 모습들을 목격합니다. 그런 모습들 가운데는 참된 것도 있고 또는 부분적으로 참된 것도 있지만, 모두가 너무 작아 하나님을 다 나타내지 못합니다. 우주 전체도 하나님 앞에서는 너무나도 작아 하나님의 아주 작은 일부 그 이상을 드러내지 못합니다. 4차원, 5차원, 그 이상의 차원이 어떠할지는 오직 영원한 시간과 하나님만이 알고 계시기 때문입니다.

그러므로 우리는 모두 그리스도의 사랑으로 다른 종교를 가진 모든 사람들에게 마음을 열고 새로운 빛을 찾아야 할 것입니다. 우리가 이미 그 새로운 빛을 완전히 갖고 있는 양, 우리 자신을 다른 사람들에게 닫아서는 안 될 것입니다.

우리는 그리스도라는 열쇠를 가지고 있습니다. 그러나 우리는 모

든 진리를 모든 사람에게 열어 보이기 위해, 다른 신앙을 가진 사람들에게 우리 자신을 잠그지 않기 위해 그리스도를 열쇠로 사용해야 합니다.

새로운 기록의 습관

고린도후서 3장 3절
하나님 의식하기 25% | **고의적인 거부 없었음**

하나님! 제 삶의 매 순간 하나님을 의식하는 이 훈련을 최소한 며칠이라도 두 가지 관점에서 매일 기록을 하기로 결정했습니다.

지난 3월에 이 훈련을 흡족하게 수행하지 못한 날들이 너무나도 많았기 때문입니다.

첫째로는 하루 동안 하나님을 의식한 시간이 몇 퍼센트였는지를 기록할 것이고, 둘째로는 하루를 살면서 제가 하나님의 뜻이라고 분명히 믿는 것들을 제 의지가 거역했는지를 기록할 것입니다. 평가를 받고 있다는 느낌을 가지면 이 훈련에 충실히 임할 수 있을 것입니다.

주여! 이 배에서 누구를 보든지 그 사람을 위해 기도할 수 있게 도우소서! 조잘거리는 이 아이들을 위해서든지, 울고 있는 저 소년을 위해서든지, 이 배에서 누가 말하는 것이 들리든지 그 사람을 위해 기도할 수 있게 도우소서!

4월 3일 토요일 S. S. 테리아 호(號)에서

하나님과 함께하는 작업

고린도후서 3장
하나님 의식하기 50% │ **고의적인 거부 없었음**

하나님, 어제는 순간순간 하나님을 의식하기 위해 정말 면밀한 주의를 기울였습니다. 하지만 하루의 4분의 1만 하나님을 의식할 수 있었을 뿐입니다. 하나님을 의식하는 시간이 그렇게 적었던 까닭이 무엇일까요?

첫 번째 핑계로 배에 함께 타고 있는 승객들이 신앙적이지 않았습니다. 그들은 제가 신앙인임을 알지 못했습니다. 그리고 그것에 대해 그들에게 말하는 것이 자연스러워 보이지 않았습니다.

제가 어제 배운 교훈이 있다면 "하나님과 더 친밀해지려면 기회가 주어질 때마다 하나님을 다른 사람들에게 전해야 한다!"는 깨달음입니다.

두 번째로는 구자라트어(인도의 주요 15개 언어 중 하나로, 인도 중부에서 통용되는 언어) 도표 작성에 거의 매 순간 매달려 있어서 하나님께 집중하지 못했습니다. 오늘은 하나님과 함께 도표 작성을 해볼 작정입니다. 인도에 관한 보고서 자료 준비 또한 제 마음에서 하나님을 밀어냈습니다. 하지만 탁구를 치는 동안에는 많은 시간 하나님을 기억했습니다. 그때부터 오늘 아침까지 90% 이상 하나님을 기억했습니다.

고린도후서 4장을 묵상하며

고린도후서 4장

하나님 의식하기 75% | **고의적인 거부** 약간 있었음

고린도후서 4장은 정말 경탄을 금할 수 없는 장(章)입니다. 아마 3개월 전이었다면 저는 이 장을 그냥 넘어갔을 것입니다. 여기서 바울은 "숨은 부끄러움의 일을 버리고 속임으로 행하지 아니하며 하나님의 말씀을 혼잡하게 하지 아니하고 오직 진리를 나타냄으로"(고후 4:2)라고 말합니다.

이런 바울의 철저한 굴복의 자세가 제게 의미 있게 다가옵니다. 그리고 저는 육신의 생명의 끝이 다가오는 것을 보면서 고린도후서 4장 7-10절의 참뜻을 이해하기 시작합니다. 또한 고린도후서 4장 13절은 "내가 믿었으므로 말하였다"라고 말합니다.

하나님, 제 삶을 괴롭히는 '말하지 않고 숨기는 습관'을 깨버릴 수 있게 도와주소서!

사도 바울은 고린도후서 4장 16,17절에서 "우리의 겉사람은 낡아지나 우리의 속사람은 날로 새로워지도다 우리가 잠시 받는 환난의 경한 것이 지극히 크고 영원한 영광의 중한 것을 우리에게 이루게 함이니"라고 말합니다.

제가 이것을 알지 못했다면 어찌 되었을까요! 이어서 18절에서 바

울은 "우리가 주목하는 것은 보이는 것이 아니요 보이지 않는 것이니 보이는 것은 잠깐이요 보이지 않는 것은 영원함이라"고 말합니다.

누구든지 이 말의 참뜻을 이해하려면 전력을 다하는 삶을 살아야 할 것입니다. 저는 순간순간 하나님을 계속 기억하기 위한 다양한 방법들의 목록에 찬양의 기도를 첨가했습니다. 또한 수시로 찬양 기도를 휘파람으로 불거나 콧노래로 흥얼거립니다.

완전한 100퍼센트를 향해

고린도후서 5장

하나님 의식하기 80% | **하나님께 굴복하기** 거의 완벽했음

하나님, 앞으로 이렇게 퍼센트를 진실하게 기록하는 것이 어려워 질 것 같습니다. 누군가가 이 일기를 보게 되면 저를 유약한 사람 이라 칭할지도 모르기 때문입니다. 하지만 사도 바울이 말한 대로 우리 모두가 반드시 그리스도의 심판대 앞에 서야 한다면(고후 5:10 참조), 지금 비록 억울하더라도 유약한 사람이라는 호칭을 받는 게 더 나을 것입니다.

바울은 제게 "너는 어제 완전한 100퍼센트를 기록할 수 있었어!"라 고 말할 것입니다. 그렇습니다. 저는 매 순간과 싸워 그것의 정복자가 되어야 하며 매시간과 싸워 그것을 가능한 한 장대하게 만들어야 합니다.

그러나 하나님, 저는 '정복자'나 '장대함' 같은 그런 과장된 말들이 두렵습니다. 저는 어디에서도 끝나지 않는 그런 자랑하는 말들을 너무나 많이 알고 있습니다.

환경에 흔들리지 않는 인생

고린도후서 6장
하나님 의식하기 25% ┃ **하나님께 굴복하기** 50%

> "아무것도 없는 자 같으나 모든 것을 가진 자로다"(고후 6:10).
> "우리는 살아 계신 하나님의 성전이라 이와 같이 하나님께서 이르시되 내가 그들 가운데 거하며 두루 행하여"(고후 6:16).

바울은 로마로 향하는 배에 탔을 때 그 배를 소유했습니다. 예수님은 갈릴리 호수의 배 안에 계실 때 광풍이 불어 두려움에 휩싸인 제자들이 예수님을 깨우자 예수님은 그 배를 소유하셨습니다. 그러므로 저 또한 인생의 모든 가능성에 대해 배운 지금, 제가 타는 배들을 소유할 것입니다. 이후로는 어떤 배를 타더라도 환경이 저를 좌지우지하게 하지 않을 것입니다.

하나님께서 제 안에 거하십니다. 그러므로 이제는 나의 환경이 하나님의 온전한 뜻을 행하도록 만들 것입니다. 사람들이 자신의 주변에 둘러치는 방어 수단들을 뚫고 길을 찾을 것입니다. 사람들과 이야기를 나누고 노는 동안에도 기도로 이룰 수 있는 것들을 깨닫기 위해 모자람이 없는 노력을 경주할 것입니다. 이 목표에 제 마음을 고정할 수 있도록 도우소서!

4월 8일 목요일 S. S. 테리아 호(號)에서

적도를 통과하며

고린도후서 8장

하나님 의식하기 75% | **하나님께 굴복하기** 100%

하나님, 어젯밤에 적도(赤道)를 통과했습니다. 그 순간에 흥청망청하는 사람들의 웃는 모습 외에는 아무것도 보이지 않았고 아무것도 느껴지지 않았습니다. 하지만 적도는 하나님의 마음과 우리의 마음에 있다는 사실입니다.

또한 저는 그때 하나님께 간청했습니다. 제가 나약함에서 나와 고결함과 지속적인 힘으로 들어갈 수 있게 해주시고, 영혼의 적도를 건너갈 수 있게 해주시며 또 제 현재와 미래의 날들을 하나님께 100퍼센트 굴복하는 날들로 만들어달라고 구했습니다. 그 모든 것을 이루어주소서!

하나님, 붉은 피를 문지른 것 같은 이곳 아프리카의 심홍색 석양은 하나님께서 우리를 부르는 소리였습니다. 그리하여 30분 동안 석양을 바라보며 하나님의 음성에 귀를 기울였습니다. 아프리카는 우리를 필요로 합니다. 하나님, 우리는 그리스도와 소망과 정의로 향하는 열쇠를 갖고 있습니다.

그렇지만 오, 하나님! 연약한 제 자신이 그저 두렵기만 합니다. 하나님께서 주신 영광스러운 비전을 절대 잃어버리지 않게 해주소서!

아프리카를 향한 마음

고린도후서 9장

하나님께서 문을 열어주고 계십니다! 어떤 선한 주교 한 사람이 국제선교평론지에 실린 저에 관한 기사를 읽고는 저를 적극 지지한다고 제게 말했습니다. 그는 아프리카의 현재 인구가 과거보다 1억 명이나 적은 까닭이 강요된 노동 때문이라고 말하면서 케냐 남부의 몸바사에서 일하는 사제들을 통해 그것에 대해 어떤 일들을 할 수 있는지 알아보겠다고 말했습니다. 과연 어떤 일들을 할 수 있을까요?

전 세계에서 가장 어둡고 피비린내가 진동하는 이 지역 사람들을 위해, 얼마 전 6만 명 이상의 대량학살이 발생한 아비시니아(에티오피아의 옛 이름)와 가까운 이 지역 사람들을 위해 어떤 일들을 할 수 있을까요?

위(胃)가 쓰립니다. 가슴이 찢어집니다. 이 사람들의 눈물을 차마 눈 뜨고 볼 수가 없습니다. 오, 리빙스턴(David Livingstone, 1813-1873. 영국의 선교사로 아프리카 탐험가)이여! 당신이 열어놓은 이 땅, 당신이 죽은 이 땅을 과연 내가 도울 수 있을까요?

하나님! 그는 "아프리카 사람들은 신사답고 정중하며 호감을 준다!"고 말했습니다. 반면에 우리 백인들이 짐승처럼 굴 때가 얼마나 많은지요!

놀라운 서막의 시작

고린도후서 10장

하나님, 사람들이 거의 거주하지 않는 이 광활한 평원에 언젠가는 수백만의 행복한 사람들이 거주할 것입니다. 그들은 서로서로를 형제처럼 대하는 법을 아는 세상에서 살아갈 것입니다. 흑인에 대한 이 차별이 지속될까요? 과연 우리가 피부색에 무관하게 앞으로 태어날 아이들을 위한 계획을 수립할 수 있을까요?

우리가 오늘 이 땅에서 살고 있는 사람들을 섬겨야 할 뿐만 아니라 아직 태어나지 않은 이들도 섬겨야 한다는 사실을 깨달을 수 있을까요? 그들을 위한 계획이 예수님의 정신과 일치할까요? 이 땅의 상속자들이 어떤 피부색을 가지고 있느냐 하는 것이 중요할까요?

아주 조금이라도 예수님을 닮아가는 데에는 이 세상 전체에 대해 생각하는 것뿐만 아니라 미래에 대해 생각하는 것, 내일을 위한 계획을 세우는 것, 허버트 웰스(Herbert George Wells, 1866-1946. 영국의 사회학자이며 소설가)와 함께 앞으로 도래할 완벽한 세상을 꿈꾸는 것이 필요할 것입니다. 그리고 우리는 하나님께서 그런 세상을 아프리카에 가져오시도록 도울 것입니다. 인간을 사랑하는 이들을 위한 놀라운 서막이 지금 여기 열리고 있습니다.

하나님의 사랑하심

고린도후서 11장

하나님, 아프리카 사람들을 사랑합니다. 이 사람들의 다정다감하고 행복한 성향, 자발적으로 도우려는 마음을 사랑합니다. 인도의 열차 안에서 발견하게 되는 이기심과는 정말 대조적입니다. 이 사람들은 속물근성으로부터 자유롭습니다.

만일 하나님께서 이 인류 가족들을 내려다보시면서 가장 사랑하는 사람들이 누구인지 제 귀에 속삭이신다면, 그들이 흑인들일까요? 아닙니다. 그렇지는 않을 것입니다. 하나님께는 흑인도 없고 백인도 없고 인종도 없기 때문입니다.

하나님께서 인간들의 현재 모습을 보시고 사랑하시는 것이 아니라 하나님께서 그들 삶의 순간순간 이적을 일으키시게끔 그들이 순복하고 허락할 때에 과연 그들이 어떤 모습이 될 수 있느냐 하는 것, 어떤 모습이 될 것이냐 하는 것을 보시고 사랑하시기 때문입니다.

아프리카에 준 선물

고린도후서 12장

하나님, 이 원시적인 얼굴들, 누더기를 걸친 사람들, 영국풍의 주택들 가운데서 풀로 지은 석기시대의 낮은 집에 거주하는 이 사람들은 시간의 엄청난 범위를 동일한 시간 안으로 밀어 넣고 있습니다. 구멍난 더러운 옷들은 그들 나름의 문명의 일부처럼 보입니다. 그것들은 오물이나 누더기, 넝마처럼 보입니다.

하지만 지금부터 천 년 후에 사람들이 과거를 돌아보면서 우리의 영혼이 얼마나 원시적이었는지 확인했으면 좋겠습니다. 무솔리니(Mussolini, 1883-1945. 이탈리아의 독재자)를 지지하는 이 시대 사람들, 이 시대의 위선적인 부자들, 그리스도를 믿는 척하는 모든 사람의 영혼이 얼마나 원시적이었는지 확인했으면 좋겠습니다.

방금 우리는 어떤 영국인이 지은 아름다운 집을 지나왔습니다. 마음에 드는 푸른 나무로 지은 집이었습니다. 그것이 아프리카에 대한 그의 기여일까요? 그렇다면 저는, 아프리카를 위해 오웬 부주교가 자신을 바치고 있다고 말하겠습니다. 그가 아프리카에 준 선물이 훨씬 더 실제적이지 않을까요?

하나님과 함께 꾸는 꿈

고린도후서 13장

주님, 폭이 46킬로미터에 달하는 이 드넓은 평원과 빅토리아 호수가 언젠가는 놀라운 문명의 장소가 될까요? 참으로 두려운 범죄가 이 해변을 더럽혀왔습니다. 지금까지 인간들이 살았던 모든 해변은 더럽혀져왔습니다. 과거의 베일은 벗겨질 것입니다.

그렇지만 하나님, 하나님과 제가 의식적으로 혹은 무의식적으로 내일을 준비하는 이 사람들을 활동적으로 의미 있게 도우려면 어떻게 해야 할까요?

물리적인 힘보다 도덕적인 힘을 강조하는 '영혼의 힘'이, 이 호수 주변의 아프리카 백성들과 하나님께 도움이 될 수 있을까요? 하나님! 하나님과 함께 이 대륙을 위한 꿈을 꾸길 바랍니다.

영국 정부는 제가 소망했던 것보다 더 잘하고 있는 듯합니다. 제 생각과 행동을 인도하시어 하나님의 모든 뜻을 오늘밤이나 내일 이루게 하소서!

선율의 날개를 타고

갈라디아서 1장

하나님, 거부할 수 없을 정도로 저를 사로잡았던 바이올린과 피아노 연주, 제게 새로운 차원으로 가야 한다고 요구했던 그 바이올린과 피아노 연주에 대해 감사드립니다.

파도처럼 이 호텔 투숙객들을 휩쓸고 지나갔던 그 능력의 느낌에 대해, 그들 모두를 돕고자 하는 의욕을 주신 것에 대해, 빅토리아 호수의 미래를 위한 하나님의 계획을 꼭 붙잡게 해주신 것에 대해 감사드립니다.

이런 의욕을 우리 모두의 마음에 깊이 새겨주소서! 하나님께서는 보이지 않는 곳에서 우리 모두에게 직접 말씀하십니다. 아프리카 전역에서 말씀하시고, 전 세계 모든 곳에서 말씀하십니다. 하나님께서 음악의 날개를 타고 인간의 마음 가장 깊은 곳에 들어가시는 것을 도울 수 있도록 능력을 주신 것, 자랑하지 않는 자기희생의 엄청난 능력을 주신 것에 감사드립니다.

하나님, 연약한 우리가 이 수준을 유지하려면 어떻게 해야 합니까?

아프리카를 덮은 그리스도의 미소

갈라디아서 2장

하나님, 참으로 경이로운 미래는 이 학교에 다니는 흑인 둘루호 부족 소년들과 다른 소년들의 것입니다. 그 아이들은 정말 공손했습니다. 150명의 소년에게서 터져 나온 "아멘"이라는 깊고 낮은 소리에는 말로 다할 수 없는 능력이 담겨 있었습니다.

아이들은 집으로 돌아갑니다. 아이들의 부모는 무지하지만 아이들은 배우는 데에 열심입니다. 내일 우리를 도우시어 길을 발견하게 하소서! 그리하여 이 운동이 해방과 소망의 유익한 전염병처럼, 그리스도의 미소처럼 아프리카 전역을 휩쓸고 지나가게 하소서!

그리고 하나님! 우리가 아프리카 제일의 언어에 대한 작업에 착수한 이때에 하나님의 완벽하신 뜻대로 하옵소서! 그리하여 우리가 곧은길로 가게 하시고 하나님의 뜻에 딱 맞게 행하도록 하소서!

우리는 하나님께서 시작하는 이가 되시고 끝마치는 이가 되실 때에만 아프리카를 위해 최선을 다할 수 있고 가장 귀한 것을 할 수 있습니다. 모든 것을 하나님께 맡깁니다. 제 손가락, 생각, 마음, 입술, 모든 것을 하나님께 맡깁니다.

아침 교사의 가르침

갈라디아서 3장

하나님, 제가 다른 사람에게 순간순간 하나님을 의식하는 이 실험에 대하여 말하지 않으면 이 실험은 실패할 수밖에 없다는 사실을 체험으로 깨달았습니다. 그것이 이 영적인 일의 법칙인지요?

제가 환경을 주도하지 않으면, 환경을 만들어내지 않으면, 저는 그저 환경의 희생자가 될 뿐입니다. 물론 제 환경이 저를 만듭니다. 하지만 저는 환경을 선택할 수 있습니다.

신구약성경, 《침묵의 교제》, 《기도하는 위대한 영혼들》, 《경건 일기》, 《각성》 등 이 모든 책이 아침에 저를 가르치는 교사입니다. 제가 아침마다 그 학교에 출석하기 때문입니다.

또한 《4중의 성례전》은 제 이마를 어루만지는 천사의 부드러운 손길과 같고, 바이올린의 은은한 음조와 같고, 사랑하는 이들의 심중의 아픔과 같습니다. 그리고 《일의 성례전》은 제게 말씀하시는 하나님입니다.

주여,

사랑하는 것을 가르치소서

그리스도께서 우리를 사랑하신 것처럼

서로 사랑하라는

하나님의 크신 명령에 순종하면서

온전히 사랑하는 것을 가르치소서

아버지, 감사드립니다. 그리스도의 사랑으로 완전히 녹아드는 느낌
을 주신 오늘 아침으로 인하여 감사드립니다.

4월 18일 주일 마세노에서

사랑의 입맞춤

갈라디아서 5장

> "오직 성령의 열매는 사랑과 희락과 화평과 오래참음과 자비와
> 양선과 충성과 온유와 절제니"(갈 5:22,23).

바울은 "사랑으로써 역사하는 믿음"(갈 5:6)에 대하여 말합니다. 그
는 "오직 사랑으로 서로 종노릇 하라"(갈 5:13)고 말합니다.

아버지,
사랑의 아버지,
제 영혼이 아버지의 아침 입맞춤으로
다시 한 번 아버지께 이릅니다
하나님 아버지께서 제 안에서
저를 다스리시는 분이며
사랑하시는 분이기 때문입니다

제가 오늘 하루를 어떻게 살아야 아버지의 입술을 행복한 미소로
장식할 수 있을까요? 제가 오늘 하루를 어떻게 살아야 아버지께서 "오
늘은 잘 살았니?" 물으시며 잠자리 입맞춤을 해주실까요?

제 생각이 얼마나 사랑으로 넘치고 얼마나 넓어져야만 아버지께서 잘했다고 하실까요? 제 임무는 그저 단순한 한 가지뿐입니다. 아버지의 음성을 듣기 위해 창문을 활짝 열어놓는 것, 아버지의 음성에 의식적으로 계속 순종하기 위해 힘쓰는 것뿐입니다. 그렇게 하기만 하면, 그밖에 나머지 것들은 아버지께서 일러주실 것입니다.

우리의 기도가 세상 곳곳에

갈라디아서 6장

옆방의 무전기가 영국 각지와 세상 모든 곳에 이르는 것처럼, 세상을 위한 우리의 기도 또한 세상 곳곳에 이르게 하소서! 무전기와 비행기와 텔레비전은 놀라운 시대의 도래를 알리고 있습니다. 그렇다면 이 시대는 민족 간의 장벽을 무너트리고 세계적 차원의 형제애를 시작하는 시대가 될까요?

하나님, 사람들을 하나로 연합된 사랑의 형제애로 끌어당기기 위해 하나님과 함께하고 서로서로 함께할 준비를 갖춘 이들은 지금 어디에 있습니까?

아프리카로 보내신 고마운 손

에베소서 1장

진실하고, 실제적이고, 허세 부리지 않는 사람들 속에서 제 마음 또한 그렇게 되기를 갈망하고 있습니다. 이 사람들보다 뛰어난 존재가 되려고 애쓰지 않게 하소서! 대신 이 사람들처럼 단순하고, 정직하고, 믿음직한 사람이 되기 위해 힘쓰게 하소서!

지금 이곳에서는 무지한 사람들 중에서도 가장 무지한 이들이 그리스도와 접촉하는 데로 인도함 받는 일들이 일어나고 있습니다. 이 선량한 사람들이 우리에게 고마움의 뜻을 표하고 있는 것에 대하여, 문맹퇴치를 위한 우리의 읽고 쓰기 수업이 놀랍게 진척되고 있는 것에 대하여, 제 도움을 원하고 필요로 하는 이들에게 저를 보내주신 하나님의 이적에 대하여 하나님께 감사드립니다.

하나님의 손이 저 지평선 위에 드리워진 것을 볼 때, 제 마음은 전율을 일으킵니다. 그것은 저를 이곳 아프리카의 심장부로 보내신 하나님의 손이므로 이제 곧 이 땅에서 참으로 경이로운 결과들이 일어날 것입니다.

하나님, 아내와 세 아기를 이 땅에 묻은 한 선교사의 허전한 마음에 위로의 말씀을 해주소서!

4월 21일 수요일 빅토리아 호수의 키수무에서

지금의 행복한 삶

에베소서 2장

하나님, 올해 처음으로 이 일기를 하루 늦게 쓰게 되었습니다. 하지만 그날그날 사는 것에 대해 기록하는 것보다 그날 일기를 기록하지 못하더라도 요즘처럼 사는 것이 훨씬 더 좋습니다.

참으로 완전한 헌신, 꾸밈없는 수수한 삶, 흑인들의 사랑, 그들의 실제적인 분별력, 하나님 교회의 사명, 이 모든 것들이 그저 귀하고 또 귀할 뿐입니다.

검은 얼굴들로 붐비는 예배당에 하나님의 자녀들을 숨기신 것에 대해, 그들의 찬양에 대해, 제 입술로 합당한 메시지를 전할 수 있게 해주신 것에 대해 아버지 하나님께 감사드립니다.

마음을 어루만지는 기도

에베소서 3장

하나님, 제 마음에 새로운 습관이 형성되기까지 제 의지에 부드럽게 그리고 지속적으로 압박을 가하는 것이 필요합니다. 제 의지에 대한 이런 압박을, 다른 이들을 위한 기도에 더욱 지속적이고 효율적으로 적용할 수 있게 가르치소서!

하나님께서는 우리가 정결해지는 것을 바라실 뿐만 아니라 능력으로 충만해지기를 바라십니다. 사도 바울은 "그의 성령으로 말미암아 너희 속사람을 능력으로 강건하게 하시오며"(엡 3:16)라고 말합니다. 제 속사람을 성령의 능력으로 강건하게 해주소서!

사람들의 얼굴 이면에 있는 영혼을 보는 능력, 차창 밖으로 보이는 사람들을 위해 기도하는 능력, 기도로 다른 사람들의 내적인 영혼에 스며드는 능력, 기도로 다른 사람들의 내적인 영혼에 밀고 들어가는 능력, 그래서 그들 영혼의 중심부까지 하나님을 모시고 가는 능력으로 강건하게 해주소서!

지난밤 키마의 학생들을 위해 뜨겁게 기도했을 때, 제 기도가 그들에게 도달하는 것을 그들이 느끼고 있음을 저 역시 느낄 수 있었습니다. 그렇다면, 그 아이들이 저를 따라 다른 사람들을 위해 기도할 때에 그들의 기도가 다른 사람들의 마음을 어루만질 수 있지 않을까요?

그리스도를 위한 일의 가능한 통로가 분명하게 나타난 이상, 저는 그것을 발견할 작정이고 반드시 발견해야 합니다.

"그의 성령으로 말미암아!"

하나님, 반쯤 벗고 다니는 이 미개한 백성들을 호기심 섞인 눈으로 바라보지 않게 도우소서. 대신에 하나님께서 그들의 마음을 어루만지도록 돕고자 하는 열정으로 바라보게 하소서!

놀라운 영혼의 소유자

에베소서 4장

하나님, 사도 바울의 편지에는 실로 놀라운 개념들이 담겨 있습니다. 바울은 정말 대단한 영혼의 소유자였습니다. 그의 영혼은 제가 이제 막 탐사하기 시작한 성령의 세계를 온통 꿰뚫고 있었습니다. 그보다 더 뛰어난 사람은 딱 한 사람밖에 없었습니다. 그분은 어떤 인간도 탐사한 적이 없는 땅에 들어가신 분이었습니다.

"영원부터 만물을 창조하신 하나님 속에 감추어졌던 비밀의 경륜이 어떠한 것을 드러내게 하려 하심이라"(엡 3:9).

"우리가 그 안에서 그를 믿음으로 말미암아 담대함과 확신을 가지고 하나님께 나아감을 얻느니라"(엡 3:12).

병을 앓고 있던 그 작은 유대인은 거인의 영혼을 지니고 있었습니다.

잠 못 이루는 감사한 밤들

에베소서 5장

하나님, 인생은 정말 경기(競技)를 닮았습니다. 인생을 '순간' 과
의 경기라고 부르면 어떨까요? 저는 부딪쳐 극복해야 하는 인생
의 온갖 악조건들 속에서 반드시 도달해야 하는 한 가지 목표를 가지
고 있습니다. 그것은 바로 제 삶의 순간순간을 하나님과의 유용한 교
제로 가득 채우는 것, 하나님께서 지시하시는 섬김으로 가득 채우는
것입니다.

오늘 아침에 제가 치러야 할 시합은 눈이 아프다는 약점을 극복하
는 것입니다.

하나님, 저는 잠 못 이루는 밤이면 전 세계 원근 각지에 있는 사람들
마음에 그리스도의 모습을 보내면서 그들을 위해 기도하곤 합니다.
잠 못 이루는 밤들을 주신 것에 감사드립니다.

저는 다른 사람들이 하나님과 접촉할 수 있도록 도와주는 능력 안
에서 성장해야 합니다. 또한 그런 성장은 오로지 부단한 훈련에서 올
것입니다. 하나님께서는 우리가 헌신적으로 일하기를 요구하실 뿐만
아니라 능력으로 일하기를 요구하십니다.

달라진 예배 분위기

에베소서 6장

하나님, 제 의지에 강권적으로 임하여 오늘 아침 분위기를 바꾸도록 허락해주신 것, 그래서 냉랭한 예배 분위기를 뜨겁게 바꾸어주신 것에 감사드립니다. 저는 인간의 의지와 생각이 세상을 변화시킬 수 있다는 사실을 꼭 배울 것이며, 그 강력하고 고결한 능력을 사용하라고 다른 그리스도인들을 가르칠 것입니다.

저는 태양열을 사용하는 펌프가 언젠가는 인류에게 큰 유익을 줄 것이라는 생각에 사로잡혀 있습니다. 그것이 하나님께서 제게 주신 비전인지요? 진정 그렇다면, 끝까지 밀고 나아가 이루어낼 수 있는 인내를 제게 허락하소서!

오늘의 공허한 대화를 갑자기 뚫고 들어와 그것을 우리 모두에게 영원한 가치를 지닌 것으로 만들어준 마음의 성향에 대하여 감사드립니다. 기도의 동료 한 사람이 보내준 이 편지로 인하여 감사드립니다.

우리에게 가장 합당한 것 네 가지가 있습니다. 매 순간 기도하는 것, 다른 사람들을 위해 기도하는 것, 서로 기도로 협력하는 것, 문맹을 퇴치하기 위해 노력하는 것이 그것입니다.

나는 그리스도를 얼마나 닮았을까?

빌립보서 1장

"오직 너희는 그리스도의 복음에 합당하게 생활하라 이는 내가 너희에게 가 보나 떠나 있으나 너희가 한마음으로 서서 한 뜻으로 복음의 신앙을 위하여 협력하는 것과"(빌 1:27).

이처럼 가장 높은 수준에서 살아가는 것은 삶의 매 순간마다 가장 높은 것들을 생각하거나 바라보거나 행동하기 위한 지속적인 선택의 문제입니다.

저는 종종 가장 높은 것들을 향해 생각의 방향을 돌릴 때마다 머리가 멍해집니다. 그럴 때마다 저는 이렇게 말합니다.

"아버지, 저는 텅 비어 있습니다. 가득 채워지기를 기다립니다. 아버지께서 말씀하시는 것에 귀를 기울입니다!"

다른 사람들과 함께 고난을 당하거나 다른 사람들을 위해 고난을 당하는 것이 아니라면, 그 무엇도 하나님의 음성에 귀를 기울이는 것들이 있는 병원을 돌아보면서 가슴 찢어지는 아픔을 느끼지 못한다면, 그것은 동정과 사랑이 참으로 부족하다는 것을 나타내는 표시입니다.

우리는 다른 사람들의 아픔을 함께 나누는 능력을 얼마나 갖추고

있느냐 하는 것으로, 그리고 그 아픔을 덜어주고자 하는 소망을 얼마
나 강렬하게 품고 있느냐 하는 것으로 우리가 그리스도를 얼마나 닮
았는지 측정할 수 있을 것입니다.

그 영혼을 위해 기도하라

빌립보서 2장

내 자녀야! 네가 네 자신의 작은 괴로움들과 의심들에 대해 내게
기도할 때에 네 기도는 하잘것없고 작다. 그러나 네가 네 자신을
나를 위한 통로로 바침으로써 다른 사람들을 돕기 위해 손을 뻗을 때
네 기도는 즉각 광대하고 고결해진다.

너는 네 자신의 개인사에 대해 전혀 기도할 필요가 없다. 내가 그 모
든 것을 공급해줄 것이기 때문이다. 대신 다른 사람들을 위해 기도하
라! 네 하루 전체를 다른 사람들을 위한 기도의 날로 만들어라! 그들을
한 사람 한 사람씩 생각하라. 그리고 그들이 나와의 풍성한 접촉에 이
를 수 있도록 돕기 위해 힘써라!

그들의 마음에 그리스도의 모습을 심어주려는 네 노력은 좋은 것이
었다. 너는 지금 거의 알지 못하는 성령의 땅에서 깨달음의 여정을 시
작했다. 그러므로 이 귀한 여행을 하는 수없이 많은 방법을 내가 네게
날마다 가르칠 것이니라.

네 의지가 이 일을 행할 수 있도록 은은하게 그러나 지속적으로 압
박하라! 어떤 사람에 대한 이야기를 읽을 때, 그 영혼을 위해 기도하는
데에 네 의지의 노력을 경주하라. 어떤 사람과 이야기를 나눌 때, 네

앞에서 이야기를 하고 있는 그 영혼을 위한 기도를 쏟아 부어라. 어떤 사람에 대해 이야기할 때, 그 영혼을 위한 기도를 쏟아 부어라.

이렇게 너는 그리스도의 충만한 사랑이 무엇인지, 거부할 수 없는 능력을 지니고 있는 그리스도의 사랑이 무엇인지 배우게 될 것이다.

4월 28일 수요일 키쿠유의 자매결연 학교에서

영혼을 향한 갈급함

빌립보서 3장

"내가 이미 얻었다 함도 아니요 온전히 이루었다 함도 아니라 …
형제들아 나는 아직 내가 잡은 줄로 여기지 아니하고 오직 한 일
즉 뒤에 있는 것은 잊어버리고 앞에 있는 것을 잡으려고 푯대를 향하
여 그리스도 예수 안에서 하나님이 위에서 부르신 부름의 상을 위하
여 달려가노라"(빌 3:12-14).

그리스도를 향한 바울의 열정을 불러일으킨 것은 그가 지불해야 했
던 값비싼 대가 혹은 그가 감내해야 했던 고통이었습니다. 이처럼 어
떤 인간이 고통을 완화시켜주는 위안의 효력을 정복한다는 것이 가능
한 것인지요?

지난밤에 저는 삶의 모든 순간마다 하나님을 의식하려는 이 실험에
서 한 가지 새로운 진척이 이루어지는 것을 보았습니다. 저는 다른 사
람들을 위해 기도하기 위한 최선의 방법이 바로 하나님께 이렇게 아
뢰는 것임을 깨달았습니다.

"그리스도는 하나님께서 사람들의 마음에 들어가려 하시지만 수포
로 돌아간다는 것을 제게 보여주십니다. 그 까닭은 제가 기도를 더하여
하나님께서 사람들의 마음에 들어가시도록 돕게 하기 위함입니다!"

어젯밤에 많은 얼굴들이 제 눈앞에 어른거렸습니다. 잠 못 이루는 시간들이 올 때마다 하나님께 감사드립니다. 그런 시간들이 많은 이들을 위해 기도할 시간을 제게 주기 때문입니다.

이곳의 선교사들의 마음에 영혼을 향한 갈급함을 주신 것을 감사드립니다. 지난밤의 모임에서 제 마음에 들어왔던 영혼을 향한 갈급함에 감사드립니다. 영혼을 향한 갈급함은 바로, 다른 사람들을 위해 기도하는 이 길이 다른 그리스도인들을 도우리라는 것을 입증하는 새로운 증거입니다.

4월 29일 목요일 키쿠유의 자매결연 학교에서

하나님의 기다림

빌립보서 4장

"내 아들아! 나는 인간들이 세월의 흐름에 따라 미개한 상태에서 서서히 나와서 어느 정도 친절함의 상태로 들어가는 것을 보았다.

지금 영국은 과거 침략자들의 잔인했던 시대보다 훨씬 더 좋아졌다. 따라서 나는 인간들이 지금 아프리카에서 자행하고 있는 인종적인 범죄 행위들을 중단하고 더 나은 인간들이 될 때까지 기다릴 수 있느니라. 나는 기다린다. 그렇지만 이런 개선과 진보가 우연히 일어나는 것은 아니다.

나는 자신들의 삶을 온전히 열정적으로 내놓을 남자와 여자들, 아프리카를 축복하고자 하는 뜨거운 열망을 가진 남자와 여자들, 맹렬한 불을 사르면서 헌신적으로 자신을 내어줄 남자와 여자들을 기다리고 있다. 그런 남자와 여자들이 지금 있다. 지금 그들 각자는 아프리카가 더 나은 시대를 맞이하도록 위쪽으로 힘껏 밀고 있다. 하지만 너는 이렇게 질문하겠지."

"하나님, 더 높은 삶에 대해 알아갈 기회를 갖지 못한 채 살아왔고 또 지금도 살아가고 있는 수백만의 백성들은 어떻게 합니까?"

"만약 네가 주변을 바라보는 것을 배운다면, 이러한 짧은 날들의 부족함을 채워주기에 충분한 시간을 가지고 인생은 계속하여 펼쳐져 간다는 것을 알게 될 것이다. 너희는 모두 아직 웃을 때 목에서 꼴깍꼴깍 소리를 내는 아기에 지나지 않는다. 너희 모두가 그렇다!"

새로운 성령의 대륙의 발견

골로새서 1장

아버지, 오늘은 제 인생에서 가장 영광스러웠던 4개월이 끝나는 날입니다. 그동안 삶의 순간순간 하나님을 의식하는 훈련을 하면서 얻은 체험으로 실로 놀라운 것들을 깨달은 지금, 저는 청년들에게 영광스러운 날들을 보내기 위해 힘쓰라고 촉구할 수 있습니다.

고르지 못했던 지난날의 제 삶을 돌아볼 때, 그리스도의 심홍색 보혈의 홍수 안에 영원히 숨기고 싶은 것들이 많이 있습니다. 그러나 고귀했던 시간들은 기쁨의 원천이 됩니다.

토미 애쉬(Tommy Ash)가 저를 감리교 제단으로 인도했을 때, 펜실베이니아의 퍼키오멘에 갔을 때, 스프링 스트리트에 갔을 때, 하나님의 말씀을 전파하며 미국을 순회했을 때가 모두 그렇습니다. 하지만 삶의 순간순간 하나님을 의식하는 훈련을 하면서 보낸 지난 4개월은 이 모든 시간을 훨씬 능가합니다.

우리는 지금 손에 손을 마주잡고 새로운 세상으로 발걸음을 내딛고 있습니다. 두근거리는 열정으로 미지의 해안을 향해 있습니다.

가장 중요한 것은, 어떤 사람이 현재 어디에 있느냐 하는 것이 아니라 어떤 방향으로 얼마나 빠른 속도로 가고 있느냐 하는 것입니다. 저는 제가 세상에 줄 수 있는 최고의 선물이 바로 사람들이 새로운 성령의 대륙을 발견할 수 있도록 돕는 것임을, 그들을 위해 그곳을 발견하여 오라고 손짓하는 것임을 잘 알고 있습니다.

제 삶의 매 순간마다 하나님을 의식하려는 이런 귀한 열망을 빼면 지난 52년 동안 제가 행한 모든 것들 가운데 보존할 가치를 지닌 것은 아무것도 없습니다. 그런 간절한 열망이야말로 하늘에 쌓은 제 보화입니다.

하나님! 부드럽게 그러나 그칠 새 없이 제 의지에 압력을 가하여 제 삶의 1분 1초마다 하나님을 의식하는 이 일을 계속 지속할 수 있도록 도와주소서!

"내 자녀야! 이것이 나를 기쁘게 하는구나.
궁핍한 사람들이 가득한 세상에 사랑이 흐르게 하라!
가장 작은 자 가운데 하나라도 멸시하지 말라.
사람들에게서 피부색이나 옷차림을 보지 말고 그 영혼을 보아라.
사람들이 지니고 있는 칭호나 직함이나 사람들이 말하는
언어를 듣지 말고 그들을 통하여 말하는 내 음성을 들어라!"

PART 4

하나님의 음성대로
행하게 하소서

5월 1일 토요일 케냐의 나이로비에서 몸바사로 가는 도중에

저를 도와주소서

골로새서 2장

　　지난 화요일 밤 기도 모임에 참석했던 사람들이 제 손을 꼭 잡아
주면서 고마운 마음을 어찌 표현해야 좋을지 모르겠다고 말했던
것을 잊을 수 없습니다.

　　하나님, 낯선 사람들과 이야기 나누는 것을 좋아하도록 저를 도와
주소서!

종교우월의식과 신앙의 혼동

골로새서 3장

하나님, 주일에 친구 한 명 없는 낯선 마을에서 술집 창문을 마주하고 있는 호텔 방에 앉아 이렇게 기도일기를 쓰는 것이 얼마나 낯선지 모르겠습니다. 하지만 외롭지는 않습니다. 하나님께서 저와 함께하시기 때문입니다.

저는 지금 제 앞에 있는 이 의자에서 하나님의 온유하신 얼굴을 보기 위해 힘쓰고 있습니다. 하나님께서 저 자동차의 운전석에 앉아 있는 사람의 마음에 뚜벅뚜벅 걸어 들어가시도록 돕기 위해 힘쓰고 있습니다. 그가 이곳에 있는 대부분의 사람들이 그러하듯이 고개를 돌이켜 제가 있는 이쪽을 바라봅니다.

저는 성경과 이 기도일기 외에는 지금 아무것도 가지고 있지 않습니다. 이것들이 저를 인도하여 하나님께서 제 환경을 바꾸시도록 할 것입니다. 저는 지금 이곳에서 환경을 만들어가고 있는 중입니다.

우리는 이 끊임없는 전쟁에서 승리하려면 모든 상황의 주인이 되어야 합니다. 자가용 운전자가 제게 시선을 고정하고 떼지 않습니다. 술집 바텐더가 저를 보기 위해 밖으로 나옵니다. 그런 모습들이 저를 당황하게 만듭니다.

하지만 바로 이곳, 그리고 이와 비슷한 곳이야말로 그리스도의 가장 큰 도움이 필요한 장소입니다. 구세군은 매우 옳습니다. 우리 나머지 사람들은 까다로운 우월의식과 신앙을 혼동합니다. 그리고는 자신들이 저 바텐더와 같지 않다면서 하나님께 감사하는 바리새인이 되어 버립니다.

이처럼 우리는, 우리가 죄인들을 회피함으로써 죄와 싸우고 있다고 말합니다. 예수님은 죄인들의 친구가 되시어 그들과 함께 식사를 하셨는데도 말입니다. 예수님은 다른 사람들을 돕기 위해 부단히 힘쓰셨습니다. 그러나 우리는 그저 우리 자신만을 구원하기 위해 힘씁니다.

정결한 기도

골로새서 4장

"기도를 계속하고 … 우리를 위하여 기도하되 하나님이 전도할 문을 우리에게 열어주사 그리스도의 비밀을 말하게 하시기를 구하라"(골 4:2,3).

"그가 항상 너희를 위하여 애써 기도하여 너희로 하나님의 모든 뜻 가운데서 완전하고 확신 있게 서기를 구하나니"(골 4:12).

오늘 이 프랑스 배에서 어제 호텔 방에서 겪었던 것보다 훨씬 더 낯선 상황을 마주했습니다. 대부분의 승객들이 영어를 할 줄 몰랐고 저는 프랑스어를 할 줄 몰라 그들이 저와 이야기하기를 꺼리는 것입니다.

하지만 이런 상황이야말로 아무것도 섞이지 않은 정결한 기도, 무엇에도 굴하지 않는 확고한 기도를 드릴 수 있는 완벽한 기회가 아니겠는지요! 그래서 오늘은 제가 배에서 만나는 모든 승객들의 마음을 하나님께서 어루만지시도록 돕기 위해 힘쓸 것입니다.

우리가 오늘 이런 기도에서 실제로 한 걸음 앞으로 나아갈 수 있을까요? 우리가 다루어야 할 것이 두 가지 있습니다. 하나는 악착스럽게 사람들의 마음으로 들어가는 능력이고, 다른 하나는 그렇게 사람들 마음으로 들어갔을 때 우리가 전하는 메시지가 순수한 특질을 지녀야 한다는 것입니다.

후자는 오로지 하나님만이 우리에게 주실 수 있는 것입니다. 따라서 제가 수행해야 할 단순한 과업은 하나님의 음성에 귀를 기울이고 하나님의 음성을 따르는 것입니다. 하나님에게서 그들에게로 향하는 수로가 오늘 하루 종일 활짝 열려 있을 것입니다!

체험이 주는 두 가지 교훈

데살로니가전서 1장

매일 '체험'이라는 연구소가 제게 두 가지 교훈을 가르치면서 그
것들이 효험이 있다는 사실을 입증해줍니다.

첫째는 어떤 사람이 제게 마음을 활짝 열고 자신의 기나 긴 사연을
쏟아내면서 저와 이야기를 나눌 때, 그는 제 말에 귀를 기울이고 저는
그의 말을 들으면서 하나님께서 그 마음에 들어가시도록 침묵기도를
할 수 있다는 것입니다.

이 세상에는 우리와 이야기하고 싶어 하는 사람들이 많이 있습니
다. 하나님! 그들이 우리에게 말을 할 수 있게 해주소서! 그들로 하여
금 그것을 하나님이 주신 기회라고 일컫게 하소서!

둘째는 제가 지류를 거슬러 노를 젓는 사공과 같다는 것입니다. 왜
냐하면 제가 하나님의 음성에 귀를 기울이도록, 다른 사람들을 위해
끊임없이 기도하도록, 사람들을 의복이나 신체 외양이나 심지어 그들
의 생각으로서 보는 것이 아니라 '영혼'으로서 보기 위해 제 의지를
부드럽지만 지속적으로 강압해야만 하기 때문입니다. 제 의지에 대한
강압을 중단하는 순간, 저는 표류하게 되고 아래로 추락하게 됩니다.

"네 손을 놓고 하나님이 하시게끔 하라!"는 말은 제게는 잘 맞지 않

는 것 같습니다. 제게는 "하나님을 붙잡아라. 계속 꼭 붙잡아라!"는 말이 잘 맞는 것 같습니다. 사람에게는 의지의 행위가 있습니다. 저는 그런 의지의 물길을 거슬러 노를 젓는 것에서 영적인 근육이 자라는 것을 느낄 수 있습니다.

5월 5일 수요일 잔지바르 섬에서

심은 대로 거두리라

데살로니가전서 2장

하나님, 하나님은 우리를 결코 실망시키지 않으십니다. 오늘 아침 위원회가 일을 할 때에 저는 하나님의 음성에 귀를 기울이면서 기도했고, 하나님께서는 우리를 인도하셨습니다. 위원회는 나타난 결과들을 불가사의한 힘이 작용한 결과로 여겼을 것입니다. 그러기는 저도 마찬가지였습니다.

저는 제 기도의 대군(大軍)들이 보내준 영광스러운 편지들을 다시 읽어보면서 우리가 우리 자신의 천국을 만들고 있다는 것을 깨달았습니다. 우리는 천국을 건축하고 그곳에 거주합니다. 아닙니다. 우리는 그것을 겨자씨처럼 심고 하나님께서 수확물을 주십니다.

저는 하나님으로부터 온 아이디어를 심었습니다. 또한 모든 사람들은 관심을 가지고 그 아이디어에 좋은 생각들을 보태었습니다. 사람이 심은 대로 거둔다는 것을 제가 쉰둘의 나이가 되어서 비로소 깨달을 수 있었던 까닭이 무엇일까요? 젊은이들이 지옥의 씨를 먼저 뿌린 뒤에야 비로소 사람이 심은 대로 거둔다는 것을 깨달을 수 있는 까닭이 무엇일까요?

강력한 의지와 사랑과 용기

데살로니가전서 3장

이 놀라운 데살로니가전서 3장은 하나님께서 제게 들려주시는 하나님의 음성입니다. 그 음성은 강력한 의지, 강력한 사랑, 강력한 충성, 박해를 받을 때의 강력한 용기에 대해 말하고 있습니다.

그리스도를 아는 새로운 체험

데살로니가전서 4장

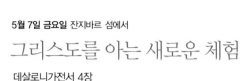

하나님, 오늘은 또 다른 형태의 중보기도의 가장자리에 서서, 과
연 이 길로 걸어야 하는 것인지 몰라 머뭇거리고 있습니다.

지난밤, 잠을 이룰 수가 없어서 어둠 가운데서 눈을 감고 마음으로
친구 몇 사람을 찾아갔습니다. 그들의 집으로 들어가 악수를 나누고
이렇게 이야기했습니다.

"예수님의 영(靈)이 자네의 생각과 마음에 홍수처럼 흘러넘치고 있
네. 그 말을 하러 왔어!"

그러고는 다시 이곳 잔지바르 섬으로 돌아오는 상상을 했습니다.
그것이 합당한 것일까요?

만일 사람들이 그리스도를 더욱 온전히 체험하는 데에 도움이 된다
면, 하나님께서 어떤 문을 열어주시든지 그것을 사용하는 것이 합당
할 뿐만 아니라 필요할 것입니다. 이것이 하나님께서 로지 씨와 바렛
씨를 통하여 열어주셨다던 그 새로운 체험인지요?

이런 방법이 과연 열매를 맺는지, 다른 사람의 마음을 정말 어루만
질 수 있는지는 제가 직접 시도해봐야 확인할 수 있을 것 같습니다. 기
도일기에 기록을 하면서 체계적으로 시작해볼 것입니다.

133

장차 모든 것을 알게 되리라

브라만교의 경전에 다음과 같은 말이 있습니다.

"만일 네가 '나는 그 분을 부분적으로 안다!'고 말한다면, 너는 자신을 속이고 있는 것이다. 왜냐하면 그 분에 대하여 전적으로 무지하지 않다는 것이 그 분을 아는 것은 아니기 때문이다. 그 분을 알지 못한다고 믿는 사람이 바로 그 분을 아는 사람이다!"

하나님! 이 기도일기에서 제 이야기를 듣고 계신 하나님! 이 말에 어떤 진리가 담겨 있는 것입니까?

"내 자녀야! 신(神)에 대한 그 생각은 옳기도 하고 틀리기도 하다. 나의 비밀을 결정적으로 알고 있다고 믿는 사람들은 매우 어리석은 이들이다. 또한 이 시대의 유물론자들처럼 어이없게도 나를 부정하는 이들은 완전한 무지 안에 갇혀 있다. 지금부터 1백 년 후에 그들은, 벤저민 프랭클린(Benjamin Franklin Butler, 1818-1893. 미국의 정치가이자 사상가)의 무신론 사상이 지금 이 시대 사람들의 웃음거리가 되고 있는 것처럼 많은 사람들의 웃음거리가 될 것이다.

그러나 네가 그런 면들에 대하여 모든 것을 다 알지 못한다고 하더라도 너는 내게 말할 수 있고 나는 네 말을 들을 것이다. 너는 내 말을

들을 수 있고 나는 네게 말할 것이다. 너는 나를 따를 수 있고 나는 너를 인도할 것이다. 너는 내 말에 순종할 수 있고 나는 네게 지침을 줄 것이다. 그러나 네가 이렇게 하기를 거부한다면 내 마음은 아플 것인데, 네 마음이 아픔을 겪은 뒤에 비로소 내게 돌아오리라는 것을 잘 알고 있기 때문이다.

너는 지금 영원의 무대를 가로질러 지나는 중이다. 내가 과감하게 인간들에게 자유의지를 주어 실험하고 있기 때문이다. 그러나 내가 안심하고 믿고서 나의 자녀의 신분을 맡길 수 있다는 것을 입증한 인간들은 장차 언젠가 모든 것을 알게 될 것이다."

영적인 우주의 광대함

하나님, 이 영적인 우주가 참으로 광대하다는 사실을 아찔하게 빠른 속도로 깨달아가고 있는 것 같습니다.

편견과 두려움이 없는 마음으로 어떤 출처에서 나온 증거이든지 모든 증거를 숙고하고 평가할 수 있도록 도우소서! 제가 다른 모든 사람들처럼, 이 시대 사람들처럼 독단적으로 행동해왔고 편협한 마음으로 살아왔고 제 눈먼 것을 자랑해왔기 때문입니다.

이 광대한 우주 안에 있는 인간이 얼마나 작은 존재인지요! 우주가 광대하다는 것이야말로 작은 인간들이 내는 증거들이 참으로 빈약하다는 것을 증명하는 확실한 증거가 아닌지요!

열린 마음을 가질 수 있도록, 참으로 겸손한 태도를 가질 수 있도록 가르치소서! 또한 다른 사람들을 돕고자 하는 뜨거운 격정을 불사를 수 있도록 가르치소서!

대관식을 바라보며

디모데전서 1장

하나님! 대영제국이 새로운 왕에게 왕관을 씌우는 오늘, 다양한 감정의 물결이 불협화음을 일으키면서 수백만의 가슴속에서 거센 물결처럼 굽이치고 있습니다.

오늘 아침 예배를 드리는 동안 제 생각이 멀리 뻗어 나가 우주에 떠 있는 지구라 불리는 작은 구체를 붙잡았을 때, 그리고 모든 민족과 인종에게 그리스도가 전파되어 모두가 서로 연합하여 사랑하기를 간절히 원했을 때 제 마음에 강렬한 감정을 주시고 또 이 세계를 바라보는 눈을 주신 것에 감사드립니다.

예배당 안에 있던 모든 사람이, 대영제국의 모든 국민이, 세상 모든 사람이 그런 진동을 느꼈을까요? 왕의 대관식이라는 큰 축일(祝日)을 맞아 영국 전체가 법석대는 이때에 저는 여기 이렇게 앉아서 하나님께서 이런 흥분을 통하여 사람들의 마음에 이르도록 돕기 위해 힘쓰고 있습니다.

모슬렘 여자 학교에 들어가다

디모데전서 2장

하나님, 오늘은 제가 무슨 일을 하기를 바라시는지요? 오늘 제가 존슨 부인의 모슬렘 여자 학교에 새로운 문을 열고 들어가는 일에 참여할 수 있게 허락해주셔서 감사드립니다. 그들에게 통역관이 필요했던 것 또한 감사드립니다. 덕택에 제가 한 문장, 한 문장 또박또박 기도할 수 있었습니다.

믿기 어려운 방법으로 역사하시어 이곳에 힌두 사람, 아랍 사람, 아프리카 사람들을 위한 문을 활짝 열어주신 것에 감사드립니다. 어젯밤에 왔던 3백 명의 학생들을 위해 기도합니다. 그 모든 학생들을 위해, 그 여학교에서 일하는 모든 여성을 위해, 그 학교에서 일하는 모든 교사들을 위해 가장 효율적으로 기도할 수 있는 방법을 알려주소서!

읽고 쓸 줄을 모르는 이곳의 학생들에게 스와힐리어(아프리카 고유 언어)를 가르칠 수 있는 최선의 방법을 하나님께서 제게 알려주실 수 있도록 최대한 신중하게 하나님의 음성에 귀를 기울일 것입니다.

제 눈에 이제 막 보이기 시작한 새로운 전망으로 인하여 하나님께 감사드립니다. 오늘 모든 순간을 하나님의 뜻대로 역사하소서! 오늘 모든 순간을 하나님의 사랑으로 역사하소서!

하나님께 필요한 목록

디모데전서 3장

하나님, 한 젊은 의사의 꿈에 대해 함께 나누게 하시고 더 나은 세상을 계획하게 해주신 이 특권에 감사드립니다. 하나님, 저를 도우시어 미국을 자랑하는 것에서 더욱더 자유로워지게 해주소서! 삶의 매 순간마다 오로지 하나님만을 위해 느끼도록 도와주소서!

저는 다른 사람들과 대화를 나누는 동안 하나님께서 하나님의 생각을 제게 말씀해주실 때까지 기다리지 못하고 제 말을 너무 많이 할 때면 종종 이상적인 모습 저 아래로 퇴락하곤 합니다.

이 세상에는 협동하는 공동체, 세계를 바라보는 마음 자세, 성령을 향한 열린 마음, 모든 중요한 방면에서 깨달음을 얻고자 하는 열정이 필요합니다. 세상에 필요한 것들의 이런 목록이 하나님께 필요한 목록인지요? 그런 것들만 가지면 충분한 것인지요?

결혼 25주년 기념일

하나님, 오늘은 머나먼 타국 땅에서 맞이하는 결혼 25주년 기념일입니다. 2년 전이었다면 저는 정말 견디기 힘든 외로움을 느꼈을 것입니다. 그러나 에파와 저는 멀리 떨어져 있지 않습니다. 저는 제 영혼을 그녀에게 보낼 수 있고 그녀 또한 그녀의 영혼을 제게 보낼 수 있기 때문입니다. 중요한 것이 있다면 그것은 영혼뿐입니다.

오늘 아침, 하나님께서 저를 통하여 역사하고 계십니다. 제 영혼은 이 호텔의 모든 사람과 밖에서 들려오는 모든 목소리와 제 기억 속을 떠도는 전 세계 곳곳의 수많은 사람들에게 하나님의 모습인 그리스도와 하나님의 사랑의 뜻을 전하기 위해 앞으로 나아갑니다.

저는 오늘 아침, 저에게 외로움이 흔적도 남아 있지 않다는 것을 발견하고서 놀랍니다. 도약하여 도달하는 법을 아는 영혼에게는 외로움을 위한 공간이 존재하지 않습니다. 생각이 빛의 신속함보다 더 빠르게 어디로든지 날아가기 때문에 혀와 펜은 부차적인 것들이 됩니다.

세상은 오로지 두 팔로 세상을 끌어안고 세상을 위해 기도하는 이들의 것입니다. 관청에서 주는 직함이나 칭호 같은 것들은 망상(妄想)일 뿐입니다.

전심전력하는 것

디모데전서 4장

바울은 디모데에게 "이 모든 일에 전심전력하여 너의 성숙함을 모든 사람에게 나타나게 하라"(딤전 4:15), "네가 네 자신과 가르침을 살펴 이 일을 계속하라 이것을 행함으로 네 자신과 네게 듣는 자를 구원하리라"(딤전 4:16)고 말합니다.

어쩌면 이 말은 디모데가 아니라 바울이 제게 한 말일지도 모릅니다. 제게 하나님의 도움이 가장 많이 필요한 부분이 바로 "전심전력하는 것"입니다.

오후의 피곤한 시간에 우리의 영혼은 곤해집니다. 오늘 이 호텔 분위기를 정복하는 데에 최선을 다하여 전심전력할 수 있도록 도우소서! 전심전력하여! 오늘의 이적을 위해 저를 준비시켜주소서!

영혼을 감싸는 팔

디모데전서 5장

하나님, 실로 경건한 많은 생각이 바다 위로 솟아오르는 암석들처럼 제 의식에서 튀어나오고 있습니다. 하지만 그것들은 가장 높은 생각들이 아닙니다. 더없이 높은 생각들이 아닙니다. 그렇지 않습니까? 그 생각들은 하나님의 마음에 있는 생각들이 아닙니다. 제 마음에서 하나님의 생각을 하시라고 하나님께 구해도 될까요?

"내 자녀야! 그러한 네 청을 온전히 들어준다는 것은 곧 네가 무한히 많은 나의 모든 생각을 한 번에 생각하게 된다는 것을 뜻한다. 하지만 너는 그런 것을 해낼 수가 없어. 그렇지 않겠니?

만일 네 의지가 완벽해지기 전에 네가 그런 많은 능력을 소유한다면 우주는 위태로워질 것이다. 또한 네 의지가 완벽해질 때, 너는 이 모든 아프리카 사람들과 이 모든 유럽 사람들 또한 나의 모든 생각을 나누어 가질 수 있게 해달라고 내게 구할 것이다.

너는 너 자신을 위해서보다 다른 모든 사람을 위해 더 많이 구할 것이다. 하지만 지금 네 일상의 삶은 그런 것으로부터 너무나도 멀리 떨어져 있구나!"

하나님, 제가 이 클럽의 사치스러움과 관리들의 예의 바른 행동에 의해 무의식적으로 속물근성이 되지 않도록 구해주소서. 무엇인가를 행하시어 저를 구하소서! 다른 모든 사람을 위해 저를 구하소서! 하나님께서는 이미 그렇게 해주셨습니다. 왜냐하면 제가 지금 세상의 모든 영혼을 감싸기 위해 제 영혼의 팔을 쭉 뻗을 수 있기 때문입니다.

사랑이 넘쳐흐르게 하라

디모데전서 6장

하나님! 공기처럼 은은하게 제 생각과 말과 표정과 행동들 구석구석까지 밀려드는 사랑으로서, 햇볕처럼 따스한 사랑으로서, 제 마음속으로 밀고 들어오는 사랑으로서, 제 마음 밖으로 스며나가는 사랑으로서, 향수처럼 다른 사람들에게로 퍼지는 사랑으로서 너무나도 친근하게 느껴지는 하나님! 오늘 하루 종일 하나님을 계속 생각할 수 있게 도우소서!

오, 사랑이시여!
저를 놓아주지 않는 사랑이시여!
제 지친 영혼이 당신 안에서 쉽니다
당신에게 빚진
제 생명을 다시 당신에게 바치오니
당신의 바다 깊은 곳에서
더 풍성하고 넉넉하게
흐르게 하기 위함입니다!

"내 자녀야! 이것이 나를 기쁘게 하는구나. 궁핍한 사람들이 가득한 세상에 사랑이 흐르게 하라! 가장 작은 자 가운데 하나라도 멸시하지 말라. 사람들에게서 피부색이나 옷차림을 보지 말고 그 영혼을 보아라. 사람들이 지니고 있는 칭호나 직함이나 사람들이 말하는 언어를 듣지 말고 그들을 통하여 말하는 내 음성을 들어라!

나는 모든 사람의 눈 뒤에서 너를 부르고 있다. 모든 사람의 말과 노래와 한숨의 파동을 타고 움직이고 있다. 사람들에게서 나를 보아라. 나는 그들 모두를 그리스도를 닮은 사랑 안에서 성장시키기 위해 힘쓰고 있단다."

아버지의 이끄심

디모데후서 1장

아버지, 아버지께서 이끄시는 대로 글을 쓰고자 하는 제 손이 여기 있으니 기꺼이 가져가소서! 여기 제 두뇌가 있으니 가져가소서! 제 머릿속의 모든 곳을 빠짐없이 두루 살피시고 그 생각들을 아버지의 사랑의 뜻을 따라 가지런히 정돈해주소서. 아버지께서 이끄신다는 것을 확신할 수 있는 경우가 아니면 아무것도 쓰지 않으며 기다리겠습니다.

"내 자녀야! 그런 노력을 하루 종일 굳게 고수하라. 어제 아침과 저녁에 위쪽으로 손을 뻗고 바깥쪽으로 손을 뻗었던 것처럼, 매 순간 만나거나 생각하는 모든 사람에게 손을 뻗는 습관을 유지하는 법을 배워라. 네 지친 느낌에 굴복하지 말라. 왜냐하면 위로 손을 뻗고 밖으로 손을 뻗는 이것이 너를 녹초로 만들지 않기 때문이다.

그것은 마음의 지속적인 상태가 될 수 있다. 너는 투시(透視)와 마법에 관한 책을 읽을 수 있다. 하지만 너무 많이 읽지는 말아라. 나와 직접 교제하는 것이야말로 가장 귀한 진주이기 때문이다. 그러니 네 영을 내 안에 푹 담가라!"

내 영혼의 곡선

디모데후서 3장

사랑하는 하나님, 사랑하는 아버지 하나님! 이 세상 안에서 넘치도록 흐르시고, 이 세상을 통하여 넘치도록 흐르시고, 이 세상 위에 넘치도록 흐르소서!

오늘의 이 이른 아침을 시작하시고, 제가 사람들의 영혼으로 향한 하나님의 도로(道路)로서 영광스러운 섬김의 하루를 마치고 눈을 감고 잠들 때까지 지속하소서.

저는 여기 디모데후서 3장에 담긴 지혜에, 그리고 저 자신의 영혼을 감전(感電)시킨 능력에 깜짝 놀라 거의 숨이 멎을 것만 같았습니다. 헉슬리(Aldous Leonard Huxley, 1894-1963. 영국의 비평가이며 소설가)는 다음과 같이 말했습니다.

"인간은 완벽한 절정의 상태에서 살아갈 수 없다. 단지 그곳을 방문할 수 있을 뿐이다. 인간의 영혼이 때로 느끼는 것들을 언제나 느낄 수 있는 것이 아니다. 무아지경의 상태는 드물다. 인간은 백 시간에 한 시간 꼴로 무아지경의 상태에 이른다!"

이것은 참입니까, 거짓입니까? 아마도 헉슬리 자신과 그가 아는 이들에게는 해당되는 말이겠지만 올해의 제게는 분명 해당되지 않습니다. 제게는 거의 매일, 영혼의 곡선이 오랜 시간 동안 오르락내리락합니다.

어젯밤 아버지께서 남쪽 하늘의 차분하고 조용한 별들과 십자성을 통하여 말씀하셨을 때에 제 영혼은 참으로 높은 곳에 올랐었습니다. 달콤한 오늘 아침에도 그렇습니다. 오, 아버지시여! 참으로 아버지를 사랑합니다.

고난을 통한 온전함

디모데후서 4장

사도 바울이 디모데에게 두 번째로 보낸 이 편지는 눈물을 자아
냅니다. 바울은 참으로 가련하지만 또한 무척이나 경이로운 사람
입니다.

"나의 떠날 시각이 가까웠도다"(딤후 4:6).

"아시아에 있는 모든 사람이 나를 버린 이 일을 네가 아나니"
(딤후 1:15).

"그 중에 후메내오와 빌레도가 있느니라 진리에 관하여는 그들이
그릇되었도다"(딤후 2:17,18).

"데마는 이 세상을 사랑하여 나를 버리고"(딤후 4:10).

"구리 세공업자 알렉산더가 내게 해를 많이 입혔으매"(딤후 4:14).

"누가만 나와 함께 있느니라"(딤후 4:11).

사도 바울은 디모데가 속히 자기에게 오기를 원했습니다(딤후 4:9
참조).

오, 바울이여! 당신은 그리스도께서 체험하셨던 것과 똑같은 버림
받음을 맛보았습니다. 우리 모두에게는 고난을 통하여 온전하게 되는
것이 필요합니다(히 2:10 참조). 우리도 그렇게 되어야 할 것입니다.

성령의 속삭임을 듣는 영혼

디도서 1장

아버지, 사람들을 위한 최선의 기도 방법은 직접 그들을 찾아가서 옆에 앉아 기도하는 것입니다. 그렇지만 그들이 보내준 편지나 그들의 사진을 손에 들고 기도하는 것 또한 마찬가지의 능력이 있을 것입니다.

제가 5월 8일에 사람들이 보내준 편지와 그들의 사진을 들고, 기도한 시간을 기록하면서 시작한 실험이 이 문제에 대답을 해줄 것입니다.

어젯밤에 으르렁거리면서 얼룩말을 게걸스럽게 먹는 사자의 모습과 날카로운 비명을 지르면서 다른 원숭이들과 싸우는 비비원숭이의 모습이 담겨 있는 존슨 씨의 아프리카 사진들을 보면서, 그리고 성령의 세미한 음성에 대해 곰곰이 생각하면서 다음과 같은 사실을 깨달았습니다.

그것은 인간의 영혼이 코뿔소의 영혼 같은 조야(粗野)하고 잔인한 어리석음과 무감각의 상태에서 성장하여, 고음을 좀처럼 내지 않는 바이올린 연주자의 섬세한 예리함에 이르러야 한다는 것입니다. 인간의 영혼은 성령의 속삭임을 듣는 신비주의자처럼 되어야 합니다.

마음에서 나오는 기도의 파장

디도서 2장

하나님, 제가 라디오처럼 제 생각을 다른 사람들에게 보내는 일을 잘해내고 있다고 하더라도 진짜로 물어야 할 질문은, 제 마음이 다른 사람들의 마음에 무엇을 말하고 있느냐 하는 것입니다.

라디오는 대단한 발명품입니다. 하지만 거리 저편에서 들리는 저 음악은 방송할 가치가 없다고 봅니다. 제 마음에서 나오는 모든 기도의 파장은 "사랑, 희생, 그리스도, 진리, 믿음, 영혼의 아름다움, 온전함을 향한 성장, 굴복, 그리스도의 영이 사람들의 영혼에 흘러넘치게 하는 것, 하나님 앞에서 살아가는 것, 돕고 또 돕는 것"을 말해야 합니다.

저는 그야말로 제가 다른 사람들의 마음에 전하는 메시지가 순전하고 온전하게 하나님께서 바라시는 것일 때에만 방송의 송출 능력이 증대되기를 원합니다.

이곳 아프리카 사람들의 학습 열의를 증대시켜주신 것에 감사드립니다. 그들이 읽고 쓰는 법을 쉽게 배울 수 있도록 해주신 것에 감사드립니다. 이 아프리카 사람들은 정말로 친절하고 사랑스러운 영혼을 지니고 있습니다.

아픈 마음을 주심에 감사

디도서 3장

아버지! 외로운 오늘, 주변의 소음과 어리석은 생각들에 포위당한 오늘, 아버지의 도움이 필요합니다. 오늘은 제 의지가 위쪽으로는 아버지를 향하고, 바깥쪽으로는 다른 사람들을 향하도록 더욱더 압박을 가해볼 기회입니다.

지금 저는 제 의욕의 힘에 도전하는 상황에 마주했습니다. 그 도전이란 바로, 하나님 가까이에서 기쁘게 살아가는 제 삶으로 지금 여기 옆에 있는 다른 모든 사람을 매료시켜야 한다는 것입니다.

그들은 오로지 독일어로만 말하지만, 저는 그리스도의 침묵의 언어로 말할 수 있게 도우소서! 저 자신에 대해서는 아무것도 말하지 않게 도우소서! 식사시간 내내 오로지 아버지에 대해서만 말할 수 있게 도우소서!

오늘 오후, 학교에서 수업을 마치고 원주민 거주 지역을 지나 집으로 돌아오던 중에 또 다른 진리를 깨달았습니다. 외로운 사람들, 우리가 모두 까맣게 잊고 있는 노인들, 가난한 사람들, 하잘것없는 무명의 사람들이 아버지께 간청할 때 아버지께서 팔을 내밀어 껴안기를 갈망하신다는 진리였습니다. 다른 사람들의 관심을 끌 만한 것을 아무것도 가지지 못한 사람들이라도 아버지의 품 안에서 편안히 쉴 수 있습니다.

우리는 사람들의 영혼으로 인한 마음의 아픔에 대해 자주 말합니다. 하지만 사람들을 보아도 그런 아픔을 좀처럼 느끼지 못합니다. 오늘 그들을 보았을 때 그런 아픔을 주신 것, 그리스도와 함께 그런 아픔을 체험하게 하신 것에 감사드립니다. 클럽에서는 그것을 알 수 없었을 것입니다. 우리는 정말로 눈이 멀었습니다! 지독하게 눈이 멀었습니다!

하나님의 방송국

빌레몬서

아버지, 많은 사람을 위하여 뜨겁게 기도할 수 있었던 어젯밤의 잠 못 이루는 시간을 감사드립니다. 만일 헤아릴 수 없이 많은 전자(電子)들의 충돌이 대기 중에 파동을 낳는다면, 그리고 우리의 신경이 미세한 전달 관(管)이라면, 잠을 자려는 의지와 그것에 반발하여 격앙된 상태로 깨어 있으려는 의지의 충돌이 세상 전체에 파동을 일으키는 것은 아닐까요?

우리가 모든 종류의 정신적 위기 상황들을 승화시켜서 다른 사람들에게 하나님에 대해 전하는 강력한 방송으로 만들 수 있을까요?

사고를 당한 경우나 목숨이 위급한 상황처럼 감정이 강렬하게 작용할 때면, 한 인간의 마음이 먼 곳에 있는 다른 사람의 마음에 다른 어떤 때보다 더 자주 닿습니다. 인간의 감정이 멀리까지 도달하려면 그렇게 꼭 자극을 받아야 하는 것일까요?

어쩌면 그럴지도 모르지만 정확히는 알 수 없습니다. 하지만 우리는 인간의 감정이라는 것이 지금까지 수천 번 그렇게 작용해오고 있다는 것을 잘 알고 있습니다. 그러므로 실패할 때마다, 고독을 느낄 때마다, 두려움을 느낄 때마다, 제 감정을 심하게 휘젓는 유혹과 싸울 때마다 하나님께 감사드립니다.

이 모든 것들 또한 제가 다른 많은 영혼들에게 하나님을 전하는 하나님의 방송국이 되게끔 도와줄 수 있기 때문입니다.

주여! 제 영혼에게 무엇이든 행하소서! 다만 잠들지는 않게 하소서!

아이들에게 희망을

히브리서 1장

아버지, 제가 아버지를 부르면 언제나 신속하게 대답해주신다는 것을 오늘 아침의 이 대규모 모임에서 다시 한 번 입증해주셨습니다. 이곳 원주민들의 읽고 쓰는 능력이 발전하고 있는 것, 우리의 문맹퇴치 수업에 관한 그들의 관심이 증대되는 것을 목격하는 특권을 주신 것을 감사드립니다. 우리가 지금까지 가르쳤던 수업 가운데 최고의 수업을 하도록 이끌어주신 것을 감사드립니다.

오, 아버지여! 제가 이번 주 내내 아버지께 매우 가까이 머물러 있을 수 있게 도우소서! 아버지, 문맹의 상태를 막 깨고 나온 그 여섯 사람은 많은 군중들 가운데서 하나님의 마음에 가장 가까이 다가간 사람들이었는지요?

아버지! 아무 희망도 없이 살아가는 아이들, 유일한 감정의 원천으로서 매춘(賣春)에 내몰린 아이들로 이루어진 인파에 대해 생각할 때에 오직 매춘만을 볼 뿐 주목받는 다양한 삶에 이르는 다른 길을 보지 못하는 가련하고 어리석은 소녀들로 인해 제 마음이 미어지게 아픈 것처럼 아버지의 마음도 아프신지요?

"의로운" 사람들이 그 아이들에게 더욱더 풍요로운 삶에 이르는 순결한 길을 열어주지 못하다니 그것이야말로 실로 두렵고 섬뜩한 죄가 아닐 수 없을 것입니다.

　　그러나 우리는 우리의 태만에 의해 희생된 아이들에게서 멀리 떨어 짐으로써 "죄를 짓지 않고" 살아갈 수 있다고 생각하고 있다.

섬김의 기쁨

히브리서 2장

아버지, 아프리카 여정을 성공적으로 완수한 지금 몸은 피곤하지만 마음은 행복합니다.

오늘 밤에 아프리카 사람들이 보여준 열의와 감사의 뜻으로 인해 제 마음은 참으로 기쁩니다. 세상에서 가장 보람된 일이 세상 모든 사람들에게 잊힌 이들을 돕는 것임을 새롭게 알게 되어 참으로 기쁩니다.

1급 관리와 2급 관리 사이에 명확한 금을 긋는 이 마을에서 가장 가난하고 비참하며 타락한 사람들과 어울려 지낼 수 있었던 것이 참으로 기쁩니다. 왜냐하면 이곳에 있는 백인들 대부분이 우리를 가장 필요로 하는 그 사람들을 어깨로 밀어젖히는 출세주의자들이거나 아니면 그들을 두 눈을 부릅뜨고 쏘아보기 때문입니다.

제가 이곳에서 사교적으로 성공한 인물이 결코 아니었던 것, 사교적으로 성공한 인물이 결코 될 수 없는 것에 대하여 감사드립니다. 만일 그런 인물이었다면, 제가 너무나도 연약한 인간인지라 다른 사람들과 마찬가지로 저를 가장 필요로 하는 이들을, 세상에서 잊힌 이들을, 가난에 찌든 이들을, 하나님과 제 세상의 검은 피부를 가진 형제자매들을 매몰차게 잘라버렸을 것이고 그래서 지금 맛보고 있는 이런 기쁨을 놓쳤으리라는 것이 의심의 여지없이 명백하기 때문입니다.

다르에스살람의 세 사람

히브리서 3장

하나님, 다르에스살람의 그 세 사람, 제가 알기로 부도덕한 그 세 사람, 그렇게 돕기를 원했지만 하나님에 대해 한마디도 해주지 못하고 작별한 그 세 사람이 오늘 밤 마음에 걸립니다.

만일 제가 충분히 기도한 상태에서 도움의 손을 내밀었다면 그들은 제 손을 잡았을 것입니다. 어쩌면 제가 그곳에서 보여준 삶이 제가 생각했던 것보다 더 많은 것을 그들에게 말해주었을지도 모르겠습니다. 저는 그곳에 있을 때에 그들의 양심이 깨어나는 것을 느꼈다고 생각합니다.

만일 그들이 굴레에서 벗어날 수 있게 제가 도와주지 않는다면, 그것은 그들이 그런 환경에서 계속 수치스러운 삶을 살아가도록 하는 냉혹한 처사가 될 것입니다. 하지만 저는 도울 것입니다. 제가 살고 있는 이 삶의 목표가 사람들의 양심을 잠재움으로써 행복을 발견하는 것이 아니기 때문입니다. 그리고 저는 기도로 그들을 계속 지켜볼 수 있습니다.

오, 사랑이시여! 그들을 그냥 내버려두지 않으실 사랑의 하나님이시여! 그들을 위한 제 기도를 사용하소서!

저와 함께 이상적인 아랍어 교수법을 연구하고 있는 이 아랍 사람들을 인하여 감사드립니다. 우리가 함께 일할 때에 하나님의 팔로 감싸주시고 하나님의 온전하신 뜻이 이루어지게 하옵소서!

새롭고 선한 습관
히브리서 4장

하나님, 성도의 완전함은 험하고 위험 가득한 한 가지 길을 따라 놓여 있습니다. 그 길은 바로 자신의 육신을 정복하는 것, 환경을 개선하기 위해 지속적으로 노력하는 것, 하나님의 뜻에 완벽하고 완전하게 순종하는 것, 지극히 높으신 하나님의 종이 되는 것, 미천한 자들의 스승이 되는 것입니다.

또한 이는 천하고 낮은 모든 것을 사랑하되 그들이 천하고 낮기 때문이 아니라 그들이 다른 어떤 것들이 될 수 있기 때문에, 그들이 다른 어떤 것이 되게끔 제가 사랑과 섬김으로 도울 수 있기 때문에 사랑한다는 것을 의미할 것입니다.

어떤 사람이 아무리 힘이 세든지, 아무리 단호하게 저를 반대하든지 인간을 두려워하지 않게 도우소서! 대신 제 생각을 가지고 그 사람 마음으로 들어가, 제 생각의 중심에 그리스도의 십자가를 지니고 그 사람 마음으로 들어가 그리스도께 굴복하라고 요구할 수 있게 도우소서!

지금까지는 이런 새로운 습관을 배양하기 위해 힘쓰지 않았지만, 이제부터는 제 몸에 이 습관을 단단히 동여맬 수 있도록 도와주소서!

제가 만나거나 생각하는 모든 영혼에게 그리스도를 전하는 일을 다시 시작하게 하소서!

그 일을 잘해낼 수 있게 도와주소서! 의욕적으로, 부드럽게, 열정적으로, 사랑으로, 거부할 수 없게, 지속적으로 그리스도를 전할 수 있도록 도와주소서! 이것을 망각하기를 원하지 않습니다! 절반만 잘해내기도 원하지 않습니다!

그분의 놀라운 이야기

히브리서 5장

이 복음은 정말로 놀랍습니다. 세상을 조성하신 분이 두 발 달린 작은 피조물들을 2등급의 어떤 별에 두시고, 그 작은 피조물들에 영혼을 불어넣으시며, 그 영혼을 자유롭게 풀어주시고, 그분이 들어와 좋은 일들을 행할 수 있게 마음의 문을 열라고 간청하면서 그들 마음의 문을 부드럽게 두드리기 시작하셨습니다.

그분께서는 매초마다 그들의 생명을 지탱해주시고 그들 생명의 중심을 보시지만, 그들이 마음의 문을 열어야만 그들의 내적인 영혼에 들어오실 수 있습니다.

그분께서는 우리의 애정을 구애하기 위해 육신을 입고 이 세상 가운데 오셨습니다. 그분께서는 인간들이 자신을 고문하여 십자가에 못박게 허락하셨습니다. 또한 인간들을 크고 영화롭게 하려는 자신을 오히려 그들이 거부할 때마다 아파하셨으며 오히려 인간들에게 고난을 당하셨습니다.

하나님의 이 놀라운 이야기는 우리 이해의 범위를 조금 넘어선 것입니다. 그러나 우리는 때로 그 이야기를 충분히 이해합니다. 우리 영혼이 배고프고 목마른 순간들이 오면, 지금 제가 하고 있는 것처럼 슬

피 흐느끼면서 하나님의 두 팔에 우리 자신을 던질 만큼 충분히 이해합니다.

오, 무한한 사랑이시여! 놀라운 사랑이시여!

Frank Laubach's
Prayer Diary

이 기도일기를 읽고 반응을 보인 세 사람으로 인하여 감사드립니다.
이토록 놀랍게 역사하시어 오늘 하루 전체를
완전히 다르게 바꾸어주신 하나님께 감사드립니다.
이 기도일기를 다른 사람들과 나누는 것이
저와 그들에게 복이 됨을 하나님께 감사드립니다.

PART 5

기도일기를 통해 주님의 사랑이 흘러가길 바랍니다

완전함을 향한 우리의 자세

히브리서 6장

아버지, 우리가 완전함에 이르기 위해 단호한 자세로 힘차게 나아갈 때 우리의 상황을 정복하려면 어떻게 해야 하는지요? 제가 어젯밤과 오늘 아침 다른 두 사람과 함께 선실에 있을 때에 혹은 여러 사람들과 대화를 나누면서 식당에서 식사를 할 때에 하나님을 계속 기억하는 것을 배우려면 어떻게 해야 하는지요?

승객들이 절반밖에 차지 않은 이 배에서는 삶의 순간순간 하나님을 기억하는 것이 훨씬 쉬어야 할 텐데, 저는 잘하고 있지 못합니다.

완전함이란 무엇을 의미할까요? 완전한 평정, 잔잔한 신경과 자신의 생각을 완전하게 통제하는 것, 모든 상황을 완전하게 지배하는 것, 위를 향하여 하나님께 마음 문을 완전하게 활짝 여는 것을 뜻할 것입니다.

이런 훈련을 하려면 혼자 있는 시간이 필요합니다. 그렇다면 인류 전체가 이런 완전함에 이르려면 사람들이 더 적어야 할 것이며, 북적거림이 없어야 할 것이며, 한적하게 거닐 수 있는 넓은 공원이 있어야 할 것이며, 하나님께 큰 소리로 말할 수 있는 장소가 있어야 할 것입니다.

완전함을 향해 단호한 자세로 힘차게 나아가는 것은 우리가 세상의 완전함을 위해 힘차게 나아갈 때에 비로소 완전해질 수 있을 것입니다.

기도로 다시 찾아가는 여정

히브리서 7장

둘루오 지역과 올리뇨어 지역과 키쿠유 지역과 스와힐리 지역을 2개월 동안 열정적으로 답사하여 아름다운 성과를 거두고 아프리카를 떠나는 지금, 그곳의 사람들과 장소들을 기도로 다시 찾아갑니다.

하나님! 마세노와 키마와 진즈학교와 자매결연 학교의 사랑하는 친구들을 지켜주소서! 그곳의 이탈리아 성직자들과 감독과 조사관들과 저와 같이 자신의 동포들을 돕길 갈망하는 아프리카 사람들을 지켜주소서!

잔지바르 섬의 교장 선생, 감독, 선한 아프리카 사람들, 아랍 사람들, 인도 사람들, 진즈학교의 교사들, 가톨릭 사제들, 총독, 사랑하지 않을 수 없었던 사람들 모두를 지켜주소서!

다르에스살람의 감독과 그 아내, 아프리카인 지도자들, 우리가 가르쳤던 많은 사람들, 센트럴학교의 교사들, 참으로 위대한 정신을 지닌 맘바 레오 편집자, 제가 손을 뻗지 못했던 독일인들을 지켜주소서!

그리고 이 모든 사람들 뒤에 있는 저 대륙, 연민의 정을 자아내지만 엄청난 가능성을 지니고 있는 저 아프리카 대륙을 지켜주소서! 하나님! 하나님! 하나님! 그들 모두를 지켜주소서!

인생의 깊은 잠에서 깨어나기를

히브리서 9장

어제의 대화가 죽음에 관한 것이었으므로 지금 제 생각은 온통 '죽음'이라는 모험에 고정되어 있습니다.

만일 과학적 연구가 제가 굳게 믿고 있는 바와 같이 인간의 영혼의 존속에 관한 믿음을 뒷받침한다면, 그리고 인간의 정신에 관한 연구가 장차 우리가 새롭고 영광스러운 발견의 항해를 위해 출항하게 될 것이라는 희망을 낳는다면, 우리는 세상 모든 곳의 사람들을 돕기 위해 그 증거들을 책으로 내야 할 것입니다.

우리는 모두 '인생이라 불리는 이 잠에서 깨어나는' 그 새로운 깨어남을 고대하는 것을 뜨거운 열정으로 배워야 할 것입니다. 만일 인생이라 불리는 이 깊은 잠에서 깨어난 다음에도 제가 지금처럼 느낄 수 있다면, 하나님께서 이 땅에서 저와 함께 행하실 수 있는 일들을 다 행하셨을 때 저는 참을 수 없는 분명한 열망을 갖고 다음 생(生)으로 들어갈 것입니다. 우리는 영원토록 일하기를 중단하지 않을 것입니다.

6월 5일 토요일 S. S. 타클리와 호(號)에서

믿음의 경험

히브리서 11장

히브리서 11장은 참으로 높고 당당한 아름다움으로 제 숨을 멎게 만듭니다.

저는 히브리서에 담겨 있는 의미를 제대로 발견하지 못한 채 앞의 열 장(章)을 읽었습니다. 하나님의 말씀을 읽으면서도 그 말씀에 반응하는 불을 사르지 못한 것은 제 한계였습니다. 그렇지만 히브리서 11장을 읽을 때에는 그 말씀이 의미하는 것들을 깨달을 수 있었습니다. 사람이 가장 높은 것들을 이해하려면 그것을 체험해야만 하는 것 같습니다. 저는 히브리서 11장이 말하는 그런 삶을 많이 경험해왔습니다.

"아직 보이지 않는 일에 경고하심을 받아"(히 11:7).

"아브라함은 부르심을 받았을 때에 순종하여 장래의 유업으로 받을 땅에 나아갈 새 갈 바를 알지 못하고 나아갔으며 믿음으로 그가 이방의 땅에 있는 것같이 약속의 땅에 거류하여"(히 11:8,9).

"이 사람들은 … 또 땅에서는 외국인과 나그네임을 증언하였으니 … 그들이 이제는 더 나은 본향을 사모하니 … 하나님의 백성과 함께 고난 받기를 잠시 죄악의 낙을 누리는 것보다 더 좋아하고 … 보이지

172

아니하는 자를 보는 것같이 하여 참았으며 … 이는 하나님이 우리를 위하여 더 좋은 것을 예비하셨은즉 '우리가 아니면' 그들로 온전함을 이루지 못하게 하려 하심이라"(히11:13-40).

과거가 온전하게 되려면 '우리가' 필요한 것입니까? 히브리서 11장 40절 말씀은 "그렇다"고 말합니다. 그러니 하나님이시여! 제가 이 고온(高溫)을 딛고 일어날 수 있게 해주소서! 이 낯선 환경을 딛고 일어나 그 목표를 이루기 위해 살아가도록 해주소서! 지금 그리해주소서!!

보이지 않는 것들은 영원하리라

히브리서 12장

"우리 하나님은 소멸하는 불이심이라"(히 12:29).

하나님, 제가 얼마나 정직하게 하나님의 이러한 본성을 마주하고 있는지요? 저는 하나님의 사랑과 오래 참으심의 본성 외의 다른 모든 본성들은 잊으려고 애썼습니다. 저는 하나님의 뜻에 턱없이 미치지 못하는 삶을 살았습니다.

"하나님이 아들과 같이 너희를 대우하시나니"(히 12:7).

하나님께서는 하나님의 거룩하심에 참여시키기 위해 우리를 징계하십니다(히 12:10 참조). 저는 "소멸하는 불"은 까맣게 잊고 오직 하나님의 "구속의 불"만 기억했습니다.

"오, 내 아들아! 말씀을 계속 읽어라! 내 말씀에 '진동하지 아니하는 것을 영존하게 하기 위하여 진동할 것들 곧 만드신 것들이 변동될 것을 나타내심이라'(히 12:27)는 말씀이 있느니라.

영(靈)은 파괴될 수 없느니라. 그것은 오직 정화될 수 있을 뿐이니라. 네 현재의 관점에서 보았을 때 삶을 파괴하는 것처럼 보이는 것들이 실상은 불순물들을 태워 금을 보호하는 것이니라. 보이는 것들은 네 선실 창문 밖으로 보이는 파도처럼 서서히 없어지게 마련이다. 하지만 보이지 않는 것들은 영원하니라. 그러니 모든 무거운 것과 얽매이기 쉬운 죄를 벗어 버리도록 하라!"(히 12:1 참조).

열 살 소녀와 같은 우리

히브리서 13장

아버지! 우리가 상한 심령으로 아버지께 나아갈 때 아버지의 마음도, 이 사랑스러운 어린 소녀가 "빌어먹을"이라는 말을 입에 담았다는 이유로 제 품에 달려와 안겨 울었을 때의 제 마음과 같은 지요?

우리 모두는 그 열 살 소녀를 많이 닮았습니다. 우리는 다른 사람들이 말하는 것을 듣고 그들이 행하는 것들을 따라합니다. 그런 다음에는 아버지의 품에 안겨 눈이 퉁퉁 붓도록 웁니다. 그럴 때 아버지께서도 제가 그 소녀의 볼에 입을 맞추고 안타까우면서도 흐뭇한 마음이었던 것처럼 그런 마음으로 미소를 지으시는지요?

아버지께서는 "오직 선을 행함과 서로 나누어 주기를 잊지 말라"(히 13:16)고 말씀하십니다. 아버지, 저는 알았습니다. "모든 선한 일에 온전하게 되어 하나님의 뜻을 행하는 것"(히 13:21 참조)에 이르는 길이 바로, 제가 다른 사람들에게 하나님을 전하도록 도와주는 모든 문으로 들어가는 것임을 알았습니다.

저는 아버지의 음성이 그 절름발이를 "치유하라!"고 말씀하셨을 때 그 사람을 치유하기를 거부했습니다. 저는 예배를 인도하기를 거부했습니다. 그러나 이제 거부하는 것을 그만 중단하고 싶습니다. 저는 이 배를 타고 있는 이들 가운데 몇 사람이 속물인 탓에 외롭다고 말했습니다. 하지만 이 배에는 저를 필요로 하는 다른 사람들이 가득합니다.

아버지여! 제가 아버지의 음성에 순종하여 2등 객실로도 가고 3등 객실로도 갈 수 있게 도우소서! 그곳에 가면, 거기 있는 사람들이 저를 속물이라 생각할 것입니다.

시험을 기쁘게 여기라

야고보서 1장

갑판 위에서 술 마시고 춤추는 소리들이 친구들을 위한 기도의 시간으로 승화되고 있는 이 깊은 농도의 강렬함을 느슨하게 만들고 있습니다. 거울에 비친 제 눈이 검은빛을 내면서 거울을 뚫고 지나갈 정도로 깊고 진하게 승화된 강렬함인데도 말입니다.

저는 지금 우리에게 유혹과 고독과 실망과 아픔과 실패가 정말 필요하다는 것, 혹은 그런 것들이 없는 경우라면 수면 상태에 빠져 있을 능력들을 끌어낼 수 있을 정도의 약간의 비극이 필요하다는 것을 깨닫기 시작했습니다.

우리는 그런 상황에 둘러싸일 때 하나님과 주변 사람들을 위해 그것을 사용하는 법을 배워야 할 것입니다. 어쩌면 올 한 해가, 어려움들을 이용하는 법을 제게 가르쳐주고 있는지도 모르겠습니다.

"너희가 여러 가지 시험을 당하거든 온전히 기쁘게 여기라 … 이는 너희로 온전하고 구비하여 조금도 부족함이 없게 하려 함이라"(약 1:2-4).

저는 정말 아직 멀었습니다. 가야 할 길이 멀고도 멉니다. 그렇지만 그리스도시여! 그리스도께서 저 위에 저 먼 곳에 서서 미소 지으며 저를 부르고 계십니다. 그리스도께서조차 고난을 받으심으로, 원수들과

싸우심으로 놀라운 능력으로 타오르셨습니다. 그것이야말로 영혼의
능력에 이르는 길입니다.

　나의 하나님! 하나님께 더욱 가까이 가기를 원합니다. 비록 그것이
십자가일지라도 하나님께 더욱 가까이 가기를 원합니다.

모든 것을 주님께 드립니다
야고보서 2장

아버지, 여기 제 손이 있으니 사용하소서! 제 두뇌가 비록 굼뜰지라도 아버지의 뜻이라면 아버지께서 저를 통하여 이 글로 말씀하시도록 저는 아버지의 음성에 귀를 기울일 것입니다.

만약 예수님이 지금 이 배를 타고 계신다면 과연 무엇을 하고 계실까요? 어디를 걷고 계실까요? 일등석 객실에 머물러 계실까요, 아니면 다른 객실을 향해 걸어가실까요?

분명히 예수님은 배 전체를 두루 방문하실 것이고 곳곳을 다니시면서 축복하실 것입니다. 사람들은 예수님이 하시는 말씀의 의미를 이해할 필요도 없을 것입니다. 예수님의 사랑이 후광(後光)처럼 그들의 마음에 이를 것이고 그러면 사람들이 예수님의 미소를 볼 뿐만 아니라 그 사랑을 느낄 수 있을 것이기 때문입니다.

아버지께서 이 글을 쓰시도록 제 손을 아버지께 드립니다. 아버지! 예수님께서 가시고자 하시는 곳으로 걷고자 하는 제 발도 여기 이렇게 드립니다. 다른 그 누구에 의해서가 아니라 바로 아버지 자신에 의해 그리스도처럼 아름답게 만들어져야 할 제 입술도, 제 심장도, 제 사랑도 여기 이렇게 드립니다.

　그리고 만일 우리의 사랑이 정결하고 이타적이고 섬세한 사랑이라면, 그리스도로 충만한 사랑이라면, 우리는, 우리 안에 계신 아버지께서는 다른 객실로 발걸음을 옮길 것입니다.

실패의 이유

야고보서 3장

제가 어제처럼 하나님께 나아가 제 모든 것을 맡기면 즉각 열매들이 나타나기 시작합니다. 반면 제가 모든 것을 의식적으로 온전히 하나님께 맡기지 않을 때, 사람들의 속물적인 태도에 대한 분노가 일어납니다.

지금까지 살아오는 동안 제 삶에 바람직하지 못한 영향을 끼쳤던 중요한 요인은 제가 따스한 마음을 지니신 그리스도를 닮지 않았다는 것입니다. 대학 시절과 그 이후의 시절을 돌아볼 때 제가 사회생활을 하면서 맛보았던 모든 실패는 그리스도의 사랑을 충분히 소유하지 못한 데서 기인한, 매 순간마다 포도나무 안에 거하지 못한 데서 기인한 실패였습니다.

"나를 떠나서는 너희가 아무것도 할 수 없음이라"(요 15:5).

더 이상의 경건 표어는 존재하지 않습니다. 이것이 바로 우리의 실패에 대한 하나님의 요지부동하고 단호한 설명입니다. 저는 정말 소름 끼칠 만큼 너무나도 이기적인, 너무나도 까다로운, 내적으로 너무나도 분열된, 하나님을 떠나서는 어떤 것도 잘해낼 수 없는 약한 사람입니다. 그러므로 저는 제 삶의 모든 순간순간을 새로운 굴복의 시간으로 만들어야 한다는 것을 잊지 않기를 원합니다.

하나님, 여기 제 의지를 드립니다. 제가 그것을 다시 가져가게 내버려두지 마소서! 추한 제 자아, 하나님으로부터 분리된 제 자아가 싫습니다. 하나님을 떠나면 제 자아는 썩어 문드러집니다.

또 다른 새로운 훈련

야고보서 4장
하나님 의식하기 80%

이번 주에는 여느 때와 달리 하나님께 집중할 수 있는 기회들이 거의 매일 있었습니다. 그러나 하나님을 의식하는 시간이 하루의 70퍼센트를 넘은 것은 단 하루에 지나지 않습니다.

하나님께서는 어제 아침 제가 삶의 순간순간 하나님을 의식하는 이 훈련에 얼마나 맹렬하게 전념했는지 잘 알고 계십니다. 그리고 저는, 제가 이 훈련에 그토록 힘쓸 수 있던 이유를 알고 있습니다. 이 훈련을 비밀로 했기 때문입니다.

그런데 지난주에 두 사람이 이 기도일기를 보게 되었고, 그들은 제게 큰 도움이 되었습니다. 저는 이번 주에 이 배를 타고 있는 사람 중 누구도 저를 이해하지 못할 것이라고 생각했습니다. 하지만 그것은 제 우려였고 믿음의 부족함이었습니다. 적어도 저는 다음과 같은 한 가지 사실을 깨달았습니다.

그것은 바로, 제 삶의 순간순간 하나님을 의식하려는 이 훈련을 언제까지나 계속 비밀로 할 수는 없다는 것입니다. 이 배를 타고 있는 사람 누군가가 오늘 그것에 대하여 다른 누군가에게 이야기할 것입니다. 어쩌면 오늘부터 계속해서 이 기도일기를 다른 사람들에게 보여

주는 것이 그 훈련의 일부가 될지도 모르겠습니다.

　다른 사람들을 위해 기도하는 것만으로는 충분하지 않습니다. 저는 하나님을 혼자만 알고 있을 수 없습니다. 저는 하나님의 사랑을 다른 사람들에게 전할 때가 아니면 하나님께 계속 굴복한 상태로 있을 수가 없습니다. 하지만 지금 누구에게 전해야 할까요? 아버지여, 인도하소서!

기도일기를 나누는 축복

야고보서 5장

제 기도일기에 반응을 보인 한 선원으로 인하여 감사드립니다.

이 기도일기를 읽고 반응을 보인 세 사람으로 인하여 감사드립니다. 이토록 놀랍게 역사하시어 오늘 하루 전체를 완전히 다르게 바꾸어주신 하나님께 감사드립니다.

이를 통해 제가 깨달은 것이 있습니다. 제가 복음을 전하기 위해, 다른 사람들을 돕고 가르치고 위로 들어올리기 위해 할 수 있는 모든 것을 행하고 있지 않을 때는, 다른 사람들을 위해 기도하거나 하나님을 끊임없이 기억하려고 힘쓰는 것을 지속할 수 없다는 사실입니다.

경건의 시간이 하나님을 위해 일하는 것과 그리스도의 증인이 되는 것을 대체할 수는 없습니다. 이 기도일기를 다른 사람들과 나누는 것이 저와 그들에게 복이 됨을 하나님께 감사드립니다.

오, 하나님! 이제 육지에 상륙하려 합니다. 저를 도우시고 또 도우시어 하나님의 손가락이 가리키는 모든 문으로 들어가게 하옵소서! 제가 가지고 있는 가장 중요한 네 가지 기능을 가져가소서! 궁핍한 사람들을 찾아나서는 제 눈, 귀, 혀, 두뇌를 가져가소서! 그리스도의 영으로 저를 머리끝부터 발끝까지 녹여주소서!

과거의 벽돌로 쌓은 현재의 성전

베드로전서 1장

아버지, 어제 받은 놀라운 편지에 감사드립니다. 과거는 기억을 통해서 뿐만 아니라 편지를 통해서도 여전히 살아가고 우리의 현재에 말을 건넵니다. 우리는 날마다 보이지 않는 성전을 건축하고 있습니다. 과거의 모든 날이 그 성전의 벽돌입니다. 그 사건들이 우리를 오늘의 우리로 만듭니다. 오늘 아침, 세상을 향하여 이렇게 외치고 싶습니다.

"오늘을 유심히 지켜보아라. 그것이 그대들을 축복하거나 저주하기 위해 다시 솟아오를 것이다!"

젊은이들은 이것을 모릅니다. 그들은 "감추인 것이 드러나지 않을 것이 없고 숨은 것이 알려지지 않을 것이 없느니라"(마 10:26)는 예수님의 말씀이 얼마나 참된지 알지 못합니다. 어쩌면 궁극적인 심판의 날은 우리의 과거로 지어진 그 성전을 하늘의 천군 천사들에게 나타내어, 그들에게 찬양하게 하거나 몸서리치게 하는 것으로 이루어져 있을지 모릅니다. 아니, 그런 일은 있을 수가 없습니다. 악한 것은 천국에 들어갈 수 없기 때문입니다. 우리가 우리의 완전한 성전을 완성할 수 있도록 완전하신 그리스도께서 도와주실 것입니다.

6월 14일 월요일 뭄바이의 교회선교연합회 건물에서

성령으로 사는 삶

베드로전서 2장

아버지, 이제 내일이면 제 인생에서 가장 열정적이고 가장 영광스러운 6개월의 마지막 15일이 시작됩니다.

지난 5개월 보름 동안, 제 삶의 순간순간마다 하나님을 의식하려는 이 훈련을 완벽하게 잘해낸 날은 단 하루도 없습니다. 혹여 어느 날 제가 하나님을 하루 종일 기억했다고 해도, 어느 날 하루 제가 하나님께 완전히 굴복하고 추하며 보잘것없는 제 자아를 완전히 정복하고, 하나님의 생각만을 생각하고, 다른 사람들을 사랑으로 온전하게 섬기고, 피부색이나 사회적인 위신이나 교양 같은 것들을 완전히 경멸했다고 하더라도, 그런 것들을 훨씬 더 능가하는 절정의 상태에는 이르지 못했을 것입니다.

곧 그리스도의 사랑으로 충만해져 거리로 뛰쳐나가 마치 야향화(夜香花)가 밤중에 뿜어내는 그 향내로 공기를 가득 채우는 것처럼 그 사랑을 토해낼 수밖에 없는 그런 절정의 상태에는 이르지 못했을 것입니다.

성령으로 사는 삶이라는 높고도 높은 히말라야 산맥은 제가 얼마나 보잘것없고 무가치한 인간인지, 그리고 제 모든 것들이 얼마나 하잘

것없고 무가치한지 깨닫도록 도와줍니다.

　그러나 우리는 일어날 수 있습니다! 그리고 우리는 지금 일어나고 있습니다!

　하나님, 우리가 오늘을 향해 힘차게 달려들어 과연 오늘이라는 이 날에 무엇을 할 수 있을까 살펴볼 수 있게 해주소서! 잊지 않게 하소서! 두려워하지 않게 하소서! 거부하지 않게 하소서! 더위나 피곤한 느낌에 굴하지 않게 하소서! "네, 주님! 네, 주님!"이라는 말로 가득한 하루하루를 살게 하소서!

하나님을 의식하는 훈련

베드로전서 3장
하나님 의식하기 75%

제 삶은 이 일기장의 여백을 보름 동안 더 채울 것입니다. 지금 제 가슴속에서는 제가 살아갈 경이로운 날들을 이 기도일기에 쓰고 자 하는 갈망, 제 삶을 기록하는 이 고귀한 책에 쓰고자 하는 갈망이 타오르고 있습니다.

하나님, 시계 초침이 똑딱거리는 매초마다 제게 임하소서! 제 주인 이 되소서! 제 삶의 순간순간을 하나님에 대한 생각으로 가득 채우소 서! 혹은 그것보다 더 좋은 것으로, 하나님으로부터 오는 생각으로 가 득 채우소서!

매 순간마다 하나님을 의식하는 훈련을 하면서 보낸 이 6개월은, 하 나님을 지속적으로 바라보는 환경을 제가 만들어나가야 한다는 사실 을 가르쳐주었습니다. 어제 자동차에 타고 있던 모든 사람을 위해 한 시간 동안 기도했습니다. 그 기도는 하나님을 지속적으로 의식하는 데에 참으로 큰 도움이 되었습니다.

저는 어제도 제 비밀을, 제가 삶의 순간순간마다 하나님을 의식하 는 훈련을 하고 있다는 것을 사람들에게 말했습니다. 그것은 어제를 제 인생에서 가장 달콤한 날 중 하나로 만들어주었습니다. 저는 이제 기회가 생길 때마다 이 훈련에 대해 꼭 이야기할 것입니다.

　마가렛 생스터(Margaret Sangster, 1838-1912. 미국의 시인이자 작가)의 《하나님께 보내는 작은 편지들》(Little Letters to God)에 감사드립니다. 그녀는 우리 삶의 1분 1초를 하나님을 향한 생각으로 가득 채우는 비밀을 알고 있습니다. 그런 고매한 영혼이 세속적인 잡지에 관여할 수 있는 것도 하나님께 감사드립니다. 우리는 악을 비난하고 규탄하는 것만으로는 결코 악을 정복할 수 없습니다.

　우리는 이 세상을 하나님의 마음에서 끌어온 영광으로 가득 채워야 합니다. 그리고 그것을 거부할 수 없는 것으로 만들어야 합니다.

하나님을 가장 많이 의식한 하루

베드로전서 4장
하나님 의식하기 95%

하루 24시간 동안 하나님을 의식하는 시간의 퍼센트가 이전의 어느 날보다 높았던 오늘은 정말로 풍성한 날이라서 몇 페이지를 더 기록할 수 있었습니다. 이처럼 제가 하루 종일 하나님을 기억할 수 있었던 것은 무엇 덕택이었을까요?

첫째는 제 옆을 지나치는 수천 명의 사람들을 위해 기도한 것이었습니다.

둘째는 제가 하고 있는 이 실험에 대하여 사케트 목사에게 첫 번째로 말할 기회를 얻은 것이었습니다.

셋째는 로프트하우스가 저술한 ≪예수께서 사랑하셨던 제자≫(The Disciple Whom Jesus Loved)을 읽은 것이었습니다.

넷째는 하나님께 그리고 하나님으로부터 큰 소리로 말한 것이었습니다.

다섯째는 하나님과의 끊임없는 접촉을 깨트릴 우려가 있는 책들과 광경들에 대해 단호하게 "안 돼!"라고 말한 것이었습니다.

여섯째는 이 벽에 걸려 있는 '그리스도의 그림'이었습니다.

일곱째는 사케트 목사가 《사무엘 러더포드의 편지들》(Letters of

Samuel Rutherford)이라는 책과 풀스포드가 저술한 《조용한 시간》(Quiet Hours)이라는 책 두 권을 제게 가져다준 것이었습니다.

오늘 버스 안에서 사람들을 위해 기도했을 때 그 사람들이 보인 반응은 눈에 띄었습니다. 하나님의 충만한 전류가 제 영에 흐를 때 제 영이 백열을 내면서 빛나는 것 같습니다. 그 사람들이 고개를 돌이켜 저를 쳐다보았을 때 제가 "완전하신 아버지와 완전하신 아들, 두 분 각각은 서로 안에 자기를 계시하셨습니다. 그리고 인간은 그 관계 안에 들어가도록 되어 있습니다!"라고 말해야 했던 것일까요?

로프트하우스는 이것이야말로 다른 어떤 종교도 지금까지 생각하지 못한 것이라고 말했습니다. 우리는 그 관계 안으로 들어오라는 초대를 받았습니다. 하나님께서는 정말로 밝게 빛나는 영광으로 제 영혼을 먹이십니다.

오늘 허락하신 하나님의 이적들

베드로전서 5장

아버지 하나님, 제 생각과 손가락을 하나님의 뜻대로 인도하소 서! 숄라푸르의 하인들이 복음에 대해 보여준 관심은 세상이라는 이 작은 행성이 그리스도의 복음에 대해 알아가기에 더없이 알맞다는 것을 입증합니다.

오늘의 이적을 감사드립니다. 메닥이라는 이 시골 정거장까지 저를 인도하시어 사랑스러운 그리스도인들 가운데로 데려오신 이적, 경탄할 만한 이 위원회가 다른 모든 일은 제쳐놓고 새로운 텔레구(Telegu)어 수업을 준비하는 것에 동참하게끔 준비시켜주신 이적, 단 하루 동안에 놀라운 진척을 보이게 해주신 이적, 복음을 전하는 일을 점차 쉽게 만들어 오늘 복음을 전할 수 있도록 해주신 이적에 대하여 감사드립니다.

아버지, 오늘 그곳에서 공부한, 읽고 쓸 줄 모르는 남자와 여자들을 위해 간절히 기도합니다. 이 공부를 계기로 그들이 그리스도 안에 있는 영광의 삶을 시작할 수 있게 해주소서! 그 교회에 출석하는 풀죽은 수많은 군중이 그리스도 안에 있는 영광의 삶을 시작할 수 있게 해주소서!

그들이 하나님께 온전히 굴복할 수 있게 해주소서! 그들의 영혼이 헌신의 불로 언제까지나 활활 타오르게 해주소서! 그들의 마음이 세상에 대한 비전으로 넓어지게 해주소서!

복음을 전파하라

베드로후서 1장

사랑하는 하나님, 삶의 순간순간 하나님의 임재를 느끼려는 제 실험에 대하여 다른 사람들에게 이야기하는 것이 어떤 것보다 가장 유익한 수단이 됩니다. 그런데 어젯밤에 했던 것과 달리, 제가 가진 모든 것을 다 쏟아 붓지 않아도 이런 새로운 능력의 급증이 왔을까요?

하나님은 이렇게 말씀하실 것입니다.

"너희는 온 천하에 다니며 만민에게 복음을 전파하라(막 16:15). 왜냐하면 너희가 나누어줌으로써 증대시킬 것이요 나누어주기를 거부하면 잃게 될 것이기 때문이다!"

하지만 우리는 천하에 다니며 만민에게 복음을 전파하기를 두려워하여 과거의 많은 세월을 허비했습니다. 그것은 정말 어리석은 짓이었습니다.

하나님! 하나님의 작은 세상 곳곳에서 하나님을 따르는 우리에게 사람이나 귀신을 두려워하지 않게 가르치소서! 대신 한 가지를 두려워하게 가르치소서! 복음을 전할 수 있는 모든 기회를 거절한 것뿐만 아니라, 우리와 그들에게 세상보다 무엇이 더 중요한지를 말하기를 거절한 것에 대해 두려워하게 하소서!

복음에 열려 있는 문을 민첩하게 볼 수 있게 해주소서! 그 안으로 신속하게 들어갈 수 있게 해주소서! 하나님의 복음을 다른 사람들에게 나누어주는 온유하고 친절하고 이타적인 능력으로 다른 이들을 섬세하게 사랑하도록 해주소서!

아름다운 메닥 예배당

베드로후서 2장

모든 사람에게 도움이 필요한 이곳에서 하나님의 인도하심을 받는 이적, 사전에 통보도 하지 않았는데 이처럼 위원회가 구성된 것, 우리가 지금까지 구성했던 위원회 가운데 가장 훌륭한 위원회가 구성된 것, 제 각기 복사본 교재를 가지고 수업하는 탁월한 텔레구어 강좌가 불과 이틀 만에 열다섯 개나 생겨나는 것을 보는 이적들로 인하여 제 숨이 멎을 지경입니다.

인도에서 가장 아름다운 그리스도교 교회, 가난한 사람들의 자발적인 헌금과 사랑의 수고로 건축된 교회, 드넓은 평야에 세워진 교회, 그리스도께서 인도에 영구히 거하신다는 사실을 상징하는 웅장한 메닥 예배당의 모습을 바라보는 것 또한 또 다른 이적입니다.

하나님, 이 인도 사람들이 그 예배당의 벽과 공기를 하나님에 대한 완전한 굴복의 영광으로 가득 채울 수 있게 도와주소서! 그곳이 시멘트와 돌을 입고 있는 하나님의 영이 되게 해주소서! 제 모든 것을 여기 드리오니 쓰실 만한 것이 있거든 가져가소서! 그 교회가 그리스도의 향기를 내뿜는 데에 도움이 될 수 있도록 저를 들어 쓰소서!

머뭇거리지 말고 전하라

베드로후서 3장
하나님 의식하기 85%

아버지, 커(Kerr)의 《하나님 바라보기》(The Vision of God)라는 책을
허락하심에 감사드립니다. 이 안에 순금 덩어리들이 담겨 있기
때문입니다. 그는 이 책에서 이렇게 말합니다.

"하나님과의 연속적인 인격적 교통, 그것이 바로 인간이 창조된 목
적이다. 이 체험을 미리 맛보는 것이 이생에서도 가능하다. 인간의 영
혼은 궁극적으로 자아를 망각하기 위해 모든 대상 가운데 가장 흥미
진진하고, 가장 많은 영감을 불러일으키고, 완전한 대상에 그 모든 주
의를 집중해야 한다!"

자아를 궁극적으로 망각하는 것! 완전함에 이르려면 그것이 꼭 필
요한 것입니까? 아마 그럴지 모릅니다. 하지만 자아를 엄하게 훈련시
키는 것만으로는 자아를 망각하는 것에 도달할 수 없습니다. 자아를
완전히 망각하는 것은 하나님께서 우리에게 오시어 우리의 모든 생각
을 빨아들이실 때, 그래서 우리의 모든 생각이 하나님으로부터 온 생
각들이 되거나 하나님을 향한 생각들이 될 때 비로소 사실로 이루어
질 것입니다.

그렇다면, 한 시라도 지체하지 않고 지금 즉시 시작하겠습니다. 하

나님께서는 수많은 방법으로 인간에게 말씀하십니다. 그렇다면 하나님의 음성이 지금 제게 무엇이라 말씀하고 계신지요?

"내 자녀야! 전하라! 세상 모든 사람이 꼭 알아야 할 그 한 가지 이야기를 전하라! 한순간도 머뭇거리지 말고 모든 곳의 모든 사람에게 전하라!"

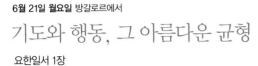

6월 21일 월요일 방갈로르에서

기도와 행동, 그 아름다운 균형

요한일서 1장

하나님, 제 양심이 저를 괴롭히고 있습니다. 너무나도 많은 상황들이 저를 좌절시키고 있습니다. 사람들이 두렵습니다.

어제는 기차를 타고 있는 사람들에게 하나님에 대하여 이야기를 시작할 방법을 찾을 수가 없다고 생각했습니다. 히말라야 산맥처럼 제 머리 위로 우뚝 솟아 있는 신앙 위인들의 성품은 제가 여전히 저 아래 먼 곳에 머물러 있다는 것을 깨우쳐줍니다.

또한 제 주변에는 복음 전하는 일을 위해 전혀 힘쓰지 않는 사람들이 참으로 많습니다. 하나님의 음성에 순종하여 이곳 인도 사람들에게 복음을 전하기로 결단한 제가 환경에 가로막혀 좌절하고 이로 인해 염려하고 있다는 사실이 제가 한참 멀었다는 것을 깨우쳐줍니다. 이런 것이 자아를 망각하는 것은 아닐 것입니다.

하나님! 간청하고 또 간청하오니 2억 명의 하나님의 영혼들을 나직이 내리덮고 계신 지금, 여기 제 안에서 하나님의 생각을 생각하소서! 세상에 대한 하나님의 생각을 생각하소서! 하나님, 사람들에게 그리스도에 관한 질문을 던지기 위한 좋은 방법은 무엇일까요? 이것은 정말로 소심한 그리스도인들에게 매우 중대한 문제입니다.

우리는 사람들을 위해 기도한 다음 거기에서 멈추면 안 됩니다. 왜냐하면 우리가 오직 기도만 하고 행동하지 않는다면, 우리는 곧 기도하는 것마저 중단하게 될 것이기 때문입니다. 기도와 봉사와 증거의 아름다운 균형이 이루어져야 할 것입니다.

어린아이와 같은 영혼을 바라며

요한일서 2장

하나님, 아쉬운 갈망으로 가장 좋았던 지난날들을 돌이켜보는 노인들을 축복하소서! 영혼에게는 아흔한 살의 나이도 아직 유아기에 지나지 않는다는 것을 그들이 깨닫도록 도우소서! 그들 앞에 놓여 있는 더욱더 영광스러운 모험을 열렬한 기대감으로 바라보게 도우소서!

날마다 일어날 이적들을 고대하며

요한일서 3장

아버지! 더 많은 이적을 일으켜주시어 날마다 이적을 고대하게 하소서! 아버지! 그 감독이 제가 부르고 나서 1분 뒤에 모습을 나타내게, 그가 주변에서 그를 도와줄 빼어난 조력자를 발견할 수 있게, 감리교 평신도들이 돕고자 하는 열망으로 신속하게 도울 수 있도록 해주소서!

또한 그 미술 교사가 충분한 역량을 가질 수 있게, 스위프트 양이 선교사들을 신속하게 부를 수 있게, 그리고 다른 많은 사실이 하나님께서 우리 가운데 역사하고 계심을 드러낼 수 있게 해주소서!

경이로운 이 요한일서 3장은 부드러운 목소리로 외칩니다.

"보라 아버지께서 어떠한 사랑을 우리에게 베푸사 하나님의 자녀라 일컬음을 받게 하셨는가 … 우리가 지금은 하나님의 자녀라 … 우리가 그와 같을 줄을 아는 것은 … 주를 향하여 이 소망을 가진 자마다 그의 깨끗하심과 같이 자기를 깨끗하게 하느니라 … 그가 우리를 위하여 목숨을 버리셨으니 우리가 이로써 사랑을 알고 우리도 형제들을 위하여 목숨을 버리는 것이 마땅하니라 … 우리가 말과 혀로만 사랑하지 말고 행함과 진실함으로 하자"(요일 3:1-18).

우리 시대 많은 사람들은 문제를 안고 있습니다. 입으로 공언한 일을 실천하지 않고 그래서 의심합니다. 우리가 우리 믿음이 당치도 않은 허위일지 모른다고 제멋대로 생각하는 까닭은 우리가 그 믿음에 불성실하기 때문입니다.

변화된 자들의 빛나는 고백

요한일서 4장

오늘 아침에는 책 한 권을 기록할 만큼 쓸 것이 많습니다.

이 찬연한 요한일서 4장은 말합니다.

"하나님은 사랑이심이라"(요일 4:8).

"우리가 서로 사랑하자 사랑은 하나님께 속한 것이니 사랑하는 자마다 하나님으로부터 나서 하나님을 알고"(요일 4:7).

"하나님이 우리를 사랑하시는 사랑을 우리가 알고 믿었노니 하나님은 사랑이시라 사랑 안에 거하는 자는 하나님 안에 거하고 하나님도 그의 안에 거하시느니라 … 사랑 안에 두려움이 없고 온전한 사랑이 두려움을 내쫓나니 두려움에는 형벌이 있음이라 두려워하는 자는 사랑 안에서 온전히 이루지 못하였느니라"(요일 4:16-18).

정말 많은 선교사들이 한자리에 모인 것, 그들이 서로에게 공감하며 관심을 보여준 것에 대하여 하나님께 감사드립니다. 저를 저녁 식사에 초대하여, 하나님에 대한 철저한 굴복이 자신들의 삶을 어떻게 변화시켰고 또 자신들이 구해낸 창녀들의 삶을 어떻게 변화시켰는지에 대해 빛나는 증언을 쏟아 부어준 그 두 사람으로 인하여 하나님께 감사드립니다.

그들의 말이 옳습니다. 진정으로 변화된 세상은 오로지 변화된 인간성으로부터 솟아날 수 있을 것입니다.

6월 25일 금요일 마드라스의 YWCA에서

우리의 열광적인 응원단

요한일서 5장

수천 명의 사람들이 특별하게 제작된 유리 창문 뒤에서 그 '다섯 쌍둥이(Dionne quintuplets, 디온느 다섯쌍둥이. 역사상 처음으로 생후 몇 시간 이상 생존한 디온느 부부의 일란성 다섯쌍둥이)'를 지켜보는 것처럼, 그 아이들은 자신들을 보고 있는 사람들을 보지 못하고 오직 사람들만 아이들을 볼 수 있는 것처럼, 어쩌면 우리 또한 우리가 행하고 생각하는 것들을 한 쪽에서만 보이는 화면으로 지켜보고 있는 "구름처럼 많은 증인들"(히 12:1 참조)에게 둘러싸여 있을지 모릅니다.

어쩌면 그들은 아버지들, 어머니들, 자녀들, 필립스 시장(市長)을 바라보고 있을지 모릅니다. 이런 식으로 그들이 지켜보는 이들의 목록을 작성한다면 그 목록은 순식간에 말할 수 없이 많아집니다. 어쩌면 그들은 그들 쪽에서만 보이는 특별한 창문을 통해, 삶의 1분 1초의 경기를 벌이고 있는 우리의 모습을 지켜보고 있을지 모릅니다.

우리는 눈에 보이지 않는 6만 명의 열광적인 응원단이 우리가 승리하기를 원하고 있는 것처럼, 그리고 우리가 그 경기에서 지면 그들의 마음에 상처를 안겨주기라도 하는 것처럼(우리가 질 경우에 우리를 사랑하는 그들은 상처를 받을 수밖에 없으므로) 그 경기를 수행해야 합니다.

그런데 우리가 우리 삶의 순간순간 벌이고 있는 그 경기의 목표가 무엇일까요? 하나님의 품 안에 완전히 거하는 것, 삶의 1분 1초마다 하나님의 뜻에 순종하는 것이 그 목표입니다.

새롭고도 대담한 영적 발견

요한이서

지금 제 책상 앞에는 어서 스탠리(Arthur Stanley)의 《인간의 약속》 (Testament of Man)이라는 책이 놓여 있습니다. 그는 이 책에서 모든 시대의 영적인 체험에 대해 설명하려 애쓰면서 이 시대의 특징이 '영적인 케케묵음'이라고 말합니다.

이 책은 10권의 책을 가득 채우고도 남을 풍부한 영광스러운 체험들을 의도적으로 생략합니다. 반면 매 페이지마다 인간의 영혼을 위한 풍부하고도 영광스러운 영적인 양식에 대하여 말합니다.

우리에게는 새롭고도 대담한 영적 발견이 필요합니다. 영적 발견의 대륙 전체가 필요합니다. 진실로 필요합니다. 우리에게는 새로운 범위가 필요합니다. 세상이라는 범위가 필요합니다. 사람들이 과학이 제공할지 모르는 가늘고 길게 찢어진 틈을 통해서만 하나님을 보려고 할 때 가늘고 길게 째진 흐릿한 것 이외에는 아무것도 볼 수 없을 것입니다.

영원한 우정을 쌓는 법

요한삼서

아버지, 우리가 현재의 우리 모습으로 가능한 것들만 이룰 수 있을 뿐 그 이상의 것들은 이룰 수 없다는 것을 분명히 알았습니다. 기회는 너무나도 빨리 왔다가 너무나도 빨리 사라지기 때문에 즉각 잡지 않으면 결코 잡지 못하게 되기 때문입니다.

아버지, 마드라스에 처음 도착했던 순간 저를 압도했고 또 그곳에 머무는 동안 지속되었던 높은 수준의 느낌에 대해 감사드립니다. 그곳에서는 너무나도 많은 것이 처음의 순간에 의해 좌우되었습니다. 그 높은 수준은 지금도 제 기억의 입에 정결하고 달콤한 맛을 남겨놓았습니다. 그렇지만 뒤돌아볼 때, 제가 더 고결한 성품을 가진 인간이었다면 당시에 보지 못한 문으로 들어갈 수도 있지 않았을까 생각됩니다.

사랑하는 주님, 인도와 아프리카에 퍼져 있는 그리스도 안에 거하는 모든 귀한 우정의 친구들에 대하여 감사드립니다. 오늘은 인도와 아프리카의 원주민들에게 읽고 쓰는 법을 가르치려는 제 열망을 확실하게 지지해주는 유일한 지지자들이 바로 하나님께서 제 영혼에 동여매 주신 그들이 아닌가 하는 생각이 듭니다. 또한 그런 제 열망에 대해 가장 잘 아는 그 사람들이, 비록 그들이 저를 직접 본 적도 없고 저 또한 그들을 직접 본 적이 없지만, 지금 가장 가까이 있는 것처럼 느껴집니다.

우리는 서로의 영혼에 들어가 거기 숨겨진 가장 좋은 것들을 발견해야 합니다. 우리는 단 사흘 안에 혹은 하루 안에 영원한 우정을 쌓는 법을 배워야 합니다.

복음의 증거를 더욱 강하게 해주소서

유다서

아버지! 어젯밤 그 곡예사에게 복음을 전하여 그 호전적인 싸움 꾼을 사로잡았던 것이, 그리하여 마침내 종교에 마음을 열도록 하는 것이 그토록 어렵고 가망이 없는 것처럼 느껴졌던 까닭은 무엇 인지요? 그 사람이 두 번이나 제게 반대하면서 싸움을 걸어온 까닭은 무엇인지요?

제 증거를 더욱 강하게, 더욱 확실하게 만들어주소서! 만일 복음 전 도에 기도가 수반된다면, 그것은 그렇게 많은 말을 요하지 않을 것입 니다.

오늘 저를 놀랍게 인도하시어 신문사를 방문하게 하신 것, YWCA 를 방문하게 하신 것, 훈련 학교의 교장과 책임자를 만나게 하신 것, 다른 많은 곳들로 이끄신 것에 대해 감사드립니다. 오늘 다시 저를 에 파에게 인도해주신 것 또한 감사드립니다. 제가 그녀에게 언제나 기 쁨과 힘이 되게 하소서!

찬란한 미래를 향해

요한계시록 1장
하나님 의식하기 80%

선실(船室) 책상 너머로 거울을 들여다보았을 때 제 마음에 흘러 넘쳤던 사랑스런 꿈같은 얼굴은 보이지 않았습니다. 제 영혼의 이마를 수놓은 추한 주름살 같은 것도 보이지 않았습니다. 사람의 얼굴은 그 사람의 모든 당혹스러움과 긴장 뒤에 낙오되어 계속 따라옵니다. 그 사람의 평생의 소망들과 계속 마찰을 일으킵니다. 그리고 백만 년 동안 인간에게 다가왔다가 마침내 제 부모를 통하여 제게 전해진 그 신비로운 소명을 지니고 있는 기나 긴 생애와 계속 충돌합니다.

선실 책상 너머에 있는 저 거울은 오늘의 제 영혼에 관한 진실을 말해주지 않습니다. 저 또한 이 배의 갑판을 거닐 때면 사람의 영혼들을 있는 그대로의 모습으로 보지도 못하고, 앞으로 그들이 될 수 있는 모습으로 보지도 못합니다. 그저 과거에서 뽑아낸 왜곡된 모습으로 볼 뿐입니다.

아버지! 사람들을 볼 때 그들의 미래의 모습을 볼 수 있게 도와주소서! 그들의 미래가 참된 미래가 될 수 있게 도와주소서! 인도를 위한 또 다른 간절한 기도가 그것입니다. 그곳에서 아버지께서 실로 많은 이적을 행하시는 것을 보았기 때문입니다.

인도를 향한 아버지의 마음에 가득한 간절한 갈망, 그리스도로 충만한 수많은 그리스도교 선교사들의 가슴을 가득 채우고 있는 뜨거운 갈망을 인도 사람들에게 전하는 것은 달콤한 일입니다. 하나님, 저를 쓰시어 그들에게 새로운 기쁨을 보내소서!

프랭크 루박의 기도일기

초판 1쇄 발행   2012년 9월 17일
초판 16쇄 발행   2019년 2월 15일

지은이   프랭크 루박
옮긴이   배응준

펴낸이   여진구
편집   김아진, 권현아, 안수경, 이영주, 최현수, 김윤향
디자인   마영애, 노지현, 조아라
기획·홍보 김영하   해외저작권   기은혜
마케팅   김상순, 강성민, 허병용   마케팅지원   최영배, 정나영
제작   조영석, 정도봉   경영지원   김혜경, 김경희

이슬비전도학교   최경식   303비전성경암송학교   박정숙
303비전장학회 & 303비전꿈나무장학회   여운학

펴낸곳   규장

주소 06770 서울시 서초구 매헌로 16길 20(양재2동) 규장선교센터
전화 02)578-0003   팩스 02)578-7332
이메일 kyujang0691@gmail.com   홈페이지 www.kyujang.com
페이스북 facebook.com/kyujangbook   인스타그램 instagram.com/kyujang_com
카카오스토리 story.kakao.com/kyujangbook
등록일 1978.8.14. 제1-22

책값 뒤표지에 있습니다.
ISBN 978-89-6097-270-4 03230

규 | 장 | 수 | 칙

1. 기도로 기획하고 기도로 제작한다.
2. 오직 그리스도의 성품을 사모하는 독자가 원하고 필요로 하는 책만을 출판한다.
3. 한 활자 한 문장에 온 정성을 쏟는다.
4. 성실과 정확을 생명으로 삼고 일한다.
5. 긍정적이며 적극적인 신앙과 신행일치에의 안내자의 사명을 다한다.
6. 충고와 조언을 항상 감사로 경청한다.
7. 지상목표는 문서선교에 있다.

하나님을 사랑하는 자 곧 그의 뜻대로 부르심을 입은 자들에게는 모든 것이 合力하여 善을 이루느니라 (롬 8:28)

Member of the
Evangelical Christian
Publishers Association

규장은 문서를 통해 복음전파와 신앙교육에 주력하는 국제적 출판사들의
협의체인 복음주의출판협회(E.C.P.A:Evangelical Christian Publishers
Association)의 출판정신에 동참하는 회원(Associate Member)입니다.